# Apocalipse

## Um guia de leitura para hoje

GERALDO MORUJÃO

# Apocalipse

## Um guia de leitura para hoje

3ª edição

QUADRANTE

Capa
Gabriela Haeitmann

**Dados Internacionais de Catalogação na Publicação (CIP)**

Morujão, Geraldo
Apocalipse / Geraldo Morujão — 3ª ed. — São Paulo: Quadrante, 2025.

ISBN: 978-85-7465-916-9

1. Bíblia. N.T. Apocalipse - Crítica e interpretação 2. Bíblia - Profecias 3. Fim do mundo - Ensino bíblico I. Título

CDD-228.06

**Índice para catálogo sistemático:**
1. Apocalipse : Interpretação 228.06


QUADRANTE EDITORA
Rua Bernardo da Veiga, 47 - Tel.: 3873-2270
CEP 01252-020 - São Paulo - SP
www.quadrante.com.br / atendimento@quadrante.com.br

# SUMÁRIO

# UM LIVRO FASCINANTE E ATUAL

O Apocalipse encerra o cânone dos Livros Santos — a Bíblia — com chave de ouro. Com efeito, trata-se de uma obra fascinante, que, embora deixe por vezes o leitor perturbado e confuso, sempre nos apresenta, em todo o seu esplendor, a pessoa adorável de Jesus Cristo. É um livro de glória, conforto e esperança, e não um livro de desgraças a inspirar pavor. É uma obra intrinsecamente simbólica, pois até a personagem central é ao mesmo tempo Cordeiro e Pastor (Ap 17, 14).

Numa linguagem que nos é estranha, o Apocalipse está impregnado do próprio mistério do Cordeiro — *imolado e de pé* (cf. 5, 7) —, a saber, o mistério pascal de Jesus morto e ressuscitado, Senhor da Igreja e da História. Em 22 capítulos que compõem a obra, o Cordeiro é nomeado 28 vezes! Os hinos a Cristo, que aparecem repetidamente ao longo de todo o livro, são como que uma chave de leitura a dizer para onde se deve dirigir a atenção. E estes cânticos de aclamação, que são entoados no céu, têm a sua natural correspondência na Liturgia da Igreja, donde foram tomados pelo autor, mostrando assim como a Igreja em oração está em sintonia com a Liturgia celeste, que tem o seu o eco na assembleia dos fiéis. E ainda hoje, na hora de Vésperas, a Igreja continua a entoar sistematicamente diversos cânticos do Apocalipse, em concreto: 4, 11; 5, 9-10.12; 11, 17-18; 12, 10-12; 15, 3-4; 19, 1-7.

Cristo vitorioso é verdadeiramente o ponto focal da obra, a que o leitor deve prestar toda a atenção, sem se deixar perder no emaranhado de tantas catástrofes, imagens arrepiantes e cenas aterradoras, que ali se anunciam e se descrevem numa impressionante linguagem simbólica. Essas cenas e imagens tanto poderão despertar uma certa curiosidade mórbida pelo estrambótico e exótico, como, ao contrário, suscitar a repulsa de um leitor que procura na Palavra de Deus a paz e a tranquilidade de espírito.

A verdade é que tanto a literatura e o cinema como os novos movimentos religiosos se têm aproveitado dos elementos fantásticos, violentos e catastróficos do Apocalipse, uns a fim de produzir obras de arte, outros com o intuito de atrair adeptos para seitas de cariz esotérico e milenarista, através de uma interpretação literalista arbitrária, desligando o livro da genuína fé da Igreja, da qual nasceu e onde, por isso, pode ser corretamente entendido.

Mas a mais notável atualidade do Apocalipse está em que a Igreja dos Mártires dos nossos dias se revê de modo singular nesta obra inspirada. Com efeito, a Igreja experimenta na sua carne a tremenda força opressora da perseguição organizada — *ébria de sangue dos santos e do sangue dos mártires de Jesus* (Ap 17, 6) — e sente-se em sintonia com *aquela grande multidão que ninguém podia contar*, com *aqueles que vêm da grande tribulação e lavaram as suas vestes e as branquearam no sangue do Cordeiro* (7, 14).

A terceira parte do segredo de Fátima, mandada publicar por São João Paulo II, é também uma visão profética semelhante à do Apocalipse, "que se refere sobretudo à luta dos sistemas ateus contra a Igreja e os cristãos e descreve o sofrimento espantoso das testemunhas da fé no último século do segundo milênio", no dizer do Cardeal Sodano.

Também agora, para todos os que continuam a sofrer por causa da fé em Jesus, o livro do Apocalipse constitui uma voz profética a trazer-lhes o consolo e a esperança num final glorioso com Cristo. Isto era assim para os primeiros ouvintes da leitura do livro, quando os cristãos da Ásia Menor se deparavam com a perseguição. Ao longo da obra, é representado o drama da gigantesca luta das forças do mal contra Cristo e seus seguidores; e esta luta vai desembocar num novo céu e numa nova terra, com a vitória final do Cordeiro: *Lutarão contra o Cordeiro, mas o Cordeiro, juntamente com os seus chamados, escolhidos e fiéis seguidores, os vencerá, porque é Senhor dos senhores e Rei dos reis* (17, 14). E tão assombrosa guerra das poderosas forças do mal desemboca na plena instauração do Reino de Deus, com a imagem bíblica da nova Jerusalém que desce dos céus — a Igreja, a Esposa do Cordeiro —, cumprindo-se plenamente o anuncio profético do final de Isaías (cf. Is 65, 12-25): *Eis a morada de Deus com os homens! Ele habitará com eles e eles serão o seu povo, e o próprio Deus estará com eles e será o seu Deus. Ele enxugará todas as lágrimas dos seus olhos; e não haverá mais morte, nem luto, nem pranto, nem dor, porque as primeiras coisas já passaram* (21, 3-4).

E a atualidade da perseguição a Cristo e aos seus fiéis toma ao longo dos tempos e também hoje outras formas mais sutis e não menos perigosas, como já acontecia no tempo de Santo Agostinho, que avisava, comentando o Salmo 39, 1: "Em outros tempos, forçavam-se os cristãos a renegar Cristo; agora convencem-se os mesmos a negar Cristo. Naquela época, incitava-se; agora, ensina-se; antes, usava-se de violência; agora, de insídias; antes, ouvia-se o inimigo rugir; agora, apresenta-se com mansidão insinuante e envolvente, e dificilmente se deixa descobrir. Todos sabemos de que modo se violentavam os cristãos para que negassem Cristo: procuravam atraí-los para que renegassem; mas eles, confessando Cristo, eram coroados. Agora, ensina-se a negar Cristo e, enganando-os, não querem que pareça que os afastam de Cristo". Mais atual não pode ser!

É interessante ver como, no Apocalipse, o primeiro dia da semana já é chamado *o dia do Senhor*, *diem dominicum,* donde deriva a nossa designação de Domingo (1, 10), o dia em que os cristãos se reuniam para celebrar a Eucaristia (cf. At 20, 7). É também este livro o único no Novo Testamento em que aparece quatro vezes a palavra hebraica de louvor, *aleluia* (louvai o Senhor): 19, 1.3.4.6. E que bem soube Händel no seu oratório, o *Messias*, a terminar a segunda parte da sua genial obra, dar toda a solenidade e magnificência ao texto das aclamações ao Cordeiro em Ap 19, 6 e 11, 15! E o oratório conclui-se de modo ainda mais solene e brilhante com o hino de Ap 5, 12-13: *Digno é o Cordeiro, que foi morto, de receber o poder, a riqueza, a sabedoria, a força, a honra, a glória e a bênção... Àquele que está sentado e ao Cordeiro, louvor, honra, glória e poder pelos séculos dos séculos*, encerrando-se com o grandioso *Amém* de toda a Criação (5, 14).

## UMA OBRA APARENTEMENTE PARADOXAL

Mas é precisamente no modo como o livro faz a encenação da segura vitória do bem sobre o mal que se encontra a maior dificuldade para o aceitar como santo e inspirado por Deus. Encontramo-nos com efeito não só com uma linguagem de grande violência, mas também com uma imagem de Cristo que não parece corresponder à bondade de Jesus e aos seus ensinamentos de perdão e amor aos inimigos.

O Cordeiro do Apocalipse não aparece revestido daquela mansidão do *Cordeiro levado ao matadouro e que, maltratado, não abria a boca* (Is 53, 7), mas como um cavaleiro com o manto tingido de sangue, uma espada afiada saindo da sua boca para com ela ferir as nações, e como aquele que pisa o lagar do vinho do furor da ira do Deus Todo- -poderoso (19, 13-16); e *quem poderá ficar de pé diante da ira do Cordeiro?* (6, 17). Ora isto só pode ser bem entendido se tivermos em conta algumas considerações prévias.

Antes de mais, o tema da ira de Deus, que passa do Antigo Testamento para o Novo, não é exclusivo do Apocalipse. Em Mc 3, 5 fala-se da ira de Jesus perante a má-fé dos seus inimigos, mas trata-se de uma ira de quem só lhes quer bem, pois se diz que vai unida à compaixão humana que Ele sente pela cegueira dos seus corações. Nessa passagem de São Marcos temos a chave para entender a ira do Cordeiro (6, 16), que se confunde com a ira de Deus. A sua ira, em linguagem humana, é a sua reação de rejeição absoluta do mal que o pecado implica como ofensa à sua dignidade divina, ou à dignidade do homem, imagem de Deus. E esta ira é justa e não implica capricho ou má vontade, mas pressupõe um castigo cabal, expresso pela imagem das sete taças da ira de Deus (16, 1ss). A ira aparece como um castigo que visa o arrependimento (16, 9.11; cf. 9, 20-21); caso contrário, será a perdição final (20, 10). Não há dúvida de que estamos perante uma linguagem antropomórfica levada ao extremo, pois até se fala do *vinho do furor da ira de Deus,* pela qualidade que o vinho tem de enfurecer quem se embriaga.

Por outro lado, numa obra que tem o caráter de uma grande epopeia, não se deve estranhar o uso de uma linguagem simbólica e o sistemático recurso a hipérboles, que tornam a ira de Deus e do Cordeiro mais agressiva no contexto impressionante da vitória final sobre forças tão poderosas como a do Império Romano perseguidor. Também no Antigo Testamento se pode considerar que o extermínio de povoações inteiras, incluindo mulheres e crianças, o chamado *herem* por ordem de Deus, teria sido mais ideal e pedagógico do que realístico, condizente com o gênero épico dos relatos. De qualquer modo, o que temos é o mistério da *condescendência de Deus* (cf. *Dei Verbum*, n. 13), que se *encarna* numa linguagem e numa cultura imperfeitas, próprias de um determinado tempo e de homens concretos, para nos comunicar realidades transcendentes.

## CIRCUNSTÂNCIAS DA COMPOSIÇÃO DA OBRA

Seria suficiente o que acaba de ser dito para despertar o interesse pela leitura deste último livro da Sagrada Escritura, mas convém recordar, embora sem nos prendermos com muitos pormenores, alguns aspectos introdutórios que nos ajudarão a apreciá-lo devidamente.

Os testemunhos mais antigos, tanto no Oriente como no Ocidente, são unânimes em considerar a obra como inspirada e em atribuí-la ao Apóstolo João. Foi no Oriente que surgiram algumas dúvidas quanto à sua inspiração, porque se pensava que este livro favorecia os erros dos milenaristas, que circulavam naquelas paragens; mas com o tempo tudo se esclareceu, e no século

V já era aceito por toda a Igreja como um livro indiscutivelmente canônico. A obra tem uma grande afinidade linguística e teológica com o quarto Evangelho, o que não impede de questionar se o autor é o mesmo, mas pode-se dizer que a opinião predominante entre os estudiosos católicos, partilhada por alguns protestantes, é que tem por autor o Apóstolo São João, embora com a intervenção de redatores diferentes, como se vê pelo uso de distintas palavras gregas para designar o Cordeiro, *amnós* no Evangelho e *arníon* no Apocalipse.

Quanto à data da composição, Santo Ireneu diz que foi nos fins do reinado de Domiciano (ano 96), uma data que condiz com a vida e o desenvolvimento das igrejas da Ásia Menor a que a obra se dirige.

No que se refere ao lugar da redação e destinatários do livro, o autor fala em 1, 9-10 da ilha de Patmos, no Mar Egeu, onde ele se encontrava desterrado, como referem os escritores eclesiásticos desde Tertuliano. Embora primariamente a obra apareça dirigida às sete igrejas da Ásia Menor, a Proconsular, o insistente apelo das cartas do início — *Quem tem ouvidos ouça o que o Espírito diz às igrejas* (2, 7.11.17.29; 2, 6.13.22) — leva a pensar que se destina a toda a Igreja. Com efeito, ao usar o plural, *às igrejas*, quando seria de esperar o singular, correspondente a cada comunidade local, fica sugerida a transição das igrejas locais para a Igreja na sua totalidade, num simbolismo a partir do número 7, que indica plenitude.

A circunstância que motivou o Apocalipse foi o surgimento de uma profunda crise, tanto interna como externa. Por um lado, infiltravam-se heresias que adulteravam a fé originária e tinham chegado a arrefecer o fervor primitivo, fazendo-a deslizar para o laxismo moral, o que se poderia dever ao bem-estar de que se gozava na Ásia Proconsular. Com efeito, a perseguição oficial de Nero, crudelíssima em Roma, não fora continuada pelos seus sucessores, e os primeiros imperadores Flávios não se dedicaram a perseguir os cristãos. Em face da crise interna que começava a minar as comunidades cristãs, era urgente enviar avisos a corrigir desvios na fidelidade a Cristo e a prevenir males maiores. Por outro lado, no final do longo reinado do último Flávio, Domiciano (81 a 96), renovava--se a ofensiva conta os judeus e seus afins, como conta Suetônio, e os cristãos passavam a viver num clima de perseguição, como atesta a carta do papa Clemente. A perseguição promovida por Domiciano não deve ser considerada como uma ficção dos escritores pró-antoninos com o fim de denegrir a memória dos Flávios. As forças do mal dispunham de grande poder e o César exigia ser tratado, segundo Suetônio, como "*dominus et deus noster*" (senhor e deus nosso), do que se pode ver uma alusão em 13, 4; e a recusa de adoração veio a tornar-se um delito punido com a pena de morte.

Com efeito, parecia mesmo que se estavam a cumprir as palavras de Jesus no discurso escatológico dos Sinópticos, onde se insiste na tribulação dos últimos tempos; com palavras de Daniel, Jesus anunciava *uma grande tribulação como nunca foi vista desde o princípio do mundo* (Mt 24, 21; cf. Dn 12, 1). Perante tão terrível situação, era urgente um grito de esperança a animar os cristãos a perseverarem na fé à custa da própria vida terrena. Em face disso, Jesus deixara palavras de ânimo: *No mundo, tereis tribulações; mas, tende confiança: Eu venci o mundo!* (Jo 16, 33). Era bem preciso que Cristo manifestasse todo o seu poder vitorioso e que a Igreja, purificada, aparecesse com o seu esplendor de Esposa do Cordeiro. O recurso ao gênero apocalíptico prestava-se às mil maravilhas a esse objetivo. Assim, o gênio do autor encontrou a forma literária dramática, que lhe pareceu a mais adequada para atualizar essas palavras de Jesus.

## UMA OBRA DO GÊNERO APOCALÍPTICO

O gênero apocalíptico já aparecia em passagens do Antigo Testamento, de Isaías, Ezequiel, Joel, Zacarias, e o livro de Daniel pertence a este gênero, sobretudo a segunda parte (Dn 7 — 12); no Novo Testamento, é deste gênero o discurso escatológico dos Sinópticos (Mt 24; Mc 13; Lc 21). Na literatura extracanônica intertestamentária (séc. II a. C. a II d. C.), há uma grande quantidade de obras judaicas deste tipo e também existem diversos apocalipses cristãos e gnósticos. São obras que nascem numa época de crise, como um grito de esperança, atribuídas a uma importante personagem do passado, a quem se imputa uma mensagem secreta que ficou selada até o momento da crise. Todas elas recorrem a visões simbólicas, numa singular profusão de anjos, animais estranhos e monstruosos e tremendas convulsões cósmicas.

Precisamente o que mais chama a atenção no nosso Apocalipse é o seu gênero literário, pois é o único livro do Novo Testamento deste tipo. É evidente que estamos perante o gênero apocalíptico, não tanto pelo título — Apocalipse (quer dizer revelação de algo oculto) —, mas sobretudo pela sua forma literária. Embora apocalíptica, o autor considera a sua obra como uma *profecia* (1, 3; 22, 7.10.18.19) e não quer que ela permaneça selada e oculta durante um certo tempo (22, 10), como acontece com as restantes obras apocalípticas. Trata-se de um escrito destinado a ser lido, escutado e interpretado na assembleia litúrgica (1, 3; 22, 7-21); e também o autor não se esconde por trás de uma figura notável de tempos anteriores. A obra diz-se profecia no genuíno sentido bíblico, que não indica primordialmente a predição das coisas que hão de suceder no decurso da história posterior. A profecia trata, acima de tudo, de "aplicar a vontade de Deus ao tempo presente e consequentemente mostrar o reto caminho do futuro" (Ratzinger).

O Apocalipse apresenta-se como uma profecia repleta de símbolos. Dado o seu poder evocativo, estes têm o condão de exprimir uma realidade que transcende a linguagem e a experiência correntes, permitindo elevar-nos à contemplação do mistério de Cristo vitorioso, Senhor do tempo e da História. Estamos perante uma Teologia da História em linguagem figurada. E esta linguagem simbólica leva a refletir, exigindo uma leitura pausada e meditativa. A leitura desta obra é evocatória e também provocatória, pois nos leva a pensar também na nossa situação, na situação atual da Igreja e do mundo.

## ALGUNS SÍMBOLOS UTILIZADOS NO APOCALIPSE

Como introdução, vejamos agora sumariamente alguns dos símbolos utilizados. Podem dividir-se em quatro grupos: símbolos cósmicos, símbolos tirados do reino animal, símbolos das cores e símbolos numéricos.

Os símbolos cósmicos são uma série de cataclismos que se verificam no sol que escurece, na lua em sangue, na terra que estremece, em estrelas cadentes etc., os quais aparecem como sinais indicadores de uma intervenção poderosa e decisiva de Deus, um apelo a que o homem desperte para reconhecer a sua presença.

O simbolismo animal, ou terimórfico, alude a forças brutais e sobre-humanas, que atuam na história contra o homem, mas estão sujeitas ao poder soberano de Deus: possantes cavalos, gafanhotos medonhos com corpo de cavalo, rosto de homem, dentes de leão, cabelos de mulher, cauda de escorpião, revestidos de couraça de ferro (9, 7-11), bem como a besta do mar com sete cabeças e dez chifres (13, 1), a besta da terra com dois chifres, o mitológico dragão etc.

Nas cores, há também um simbolismo, o cromático. *Branco:* o âmbito celeste, com a vitória, alegria, glória dos eleitos que participam da vida de Deus (7, 9.13-18; 19, 8), ou a eternidade da personagem (1, 14); *vermelho:* sangue, violência e crueldade (6, 4); *escarlate:* luxo e magnificência (17, 4-6); *negro:* morte e dor (6, 5-6); *verde:* peste e morte (6, 7-8), nada tendo a ver com a esperança, como para nós.

Chama especialmente a nossa atenção a grande abundância de números simbólicos. Vejamos alguns desta obra: o número *1* e *1º* é símbolo de exclusividade, primazia, excelência (1, 18; 2, 8; 22, 13...). Os números *meio* e *três e meio* (e todas as correspondências a três anos e meio: 42 meses, 1.260 dias) indicam um tempo limitado, um período restringido (8, 1; 11, 9.11; 12, 14), pois são a metade do número perfeito, o número sete. O número *quatro* designa universalidade: os quatro ventos, os quatro ângulos da terra (7, 1; 20, 8), assim como os *quatro seres vivos* (4, 6-9; 5, 6-14; 6, 1.6; 7, 11; 14, 3; 15, 7; 19, 4). O número *seis* indica imperfeição, pois fica abaixo de sete: daí o número 666 (13, 18). O número *sete* e os seus múltiplos significam plenitude, totalidade, perfeição: assim as sete igrejas, os sete espíritos de Deus, que designam o Espírito Santo na plenitude dos seus dons (1, 4; 4, 5); os sete candelabros e as sete estrelas são símbolos explicados, a saber, as sete igrejas e os seus sete anjos, ou os chefes (1, 20). O número sete é mesmo considerado um número estruturante do Apocalipse em cinco setenários: sete cartas (1, 9 — 4,11), sete selos (5, 1 — 8, 1), sete trombetas (8, 2 — 14, 5), sete taças (14, 6 — 19, 8) e sete visões finais (19, 9 — 22, 5). Este número aparece 55 vezes, sem contar os lugares em que se encontra implícito, como em palavras que se repetem sete vezes: por exemplo, *paciência* e *seduzir.* O número *doze* é representativo das doze tribos do povo eleito; daí a continuidade entre o novo e o antigo povo de Deus, assente sobre os Apóstolos: as doze estrelas da coroa da mulher (12, 1); as doze tribos, as doze portas, os doze anjos, os doze nomes, os doze Apóstolos (12, 1; 21, 12); assim também os *múltiplos de doze:* 12 vezes 12.000 dá o número 144.000 (7, 4-8); e 2 vezes 12 dá o número 24, isto é, todo o antigo e todo o novo povo de Deus representados nos *24 anciãos* (4, 4.10; 5, 8; 11, 16; 19, 4). O número *1.000* designa um grande número, uma multidão: os milhares de milhares de anjos (5, 11), os 12.000 de cada tribo (7, 4-8), e os *mil anos* (20, 2-7) para indicar um longo período, uma longa duração.

Outros símbolos do Apocalipse são fáceis de interpretar, por serem frequentes no Antigo Testamento; toda esta obra está construída com imagens e alusões dali tiradas, sobretudo dos livros do Êxodo, Ezequiel e Daniel. O Apocalipse contém cerca de 500 alusões, citações e reminiscências do Antigo Testamento. Assim os chifres são símbolos da força e do poder (5, 6.12; cf. Dn 7, 7); a chave de Davi indica a soberania absoluta (3, 7ss; cf. Is 22, 20-25); comer o livro é assimilar a mensagem que se vai anunciar, saboreá-la, apesar da sua severidade (10, 8-11; cf. Ez 2); o Cordeiro imolado e de pé é, como já referi, o símbolo de Cristo morto e ressuscitado; o mar transparente como cristal representa o domínio de Deus sobre os poderes tenebrosos, pois nada Lhe é oculto (15, 2); etc., etc.

## DOIS NÚMEROS SIMBÓLICOS QUE CHAMAM A NOSSA ESPECIAL ATENÇÃO

Não queremos prosseguir sem nos determos em dois desses números simbólicos — o 666 e o 1.000 —, que nos merecem especial atenção pelas tentativas que tem havido de lhes dar uma interpretação desviada e desviadora.

O 666 é o número da Besta da terra, *um número de homem* (13, 18). A sua correta interpretação deve ser feita a partir de uma técnica hermenêutica judaica aqui aplicada, que consiste em dar um valor numérico às letras (consoantes) hebraicas (*gematriá*). Assim, escrito em hebraico, o nome de César Nero — QSR NRON — corresponde a 100+60+200 + 50+200+6+50 = 666. Bem poderia ser uma discreta alusão ao César perseguidor de então, Domiciano, que, de acordo com uma lenda, seria o "Nero redivivo" (cf. 13, 3), dada a sua crueldade agressiva. Também este número pode indicar ironicamente deficiência e caducidade, pois, apesar de o número 6 se repetir, não atinge o número 7; seria mesmo um número contraposto ao valor numérico do nome de Jesus, que em grego tem o valor numérico de 888: IHSOYS (*IESÓUS*) corresponde a 10+ 8+200+70+400+200 = 888. Quando Lutero quis insultar e desacreditar o Papa, tentou identificá-lo com a besta do Apocalipse, e o adventismo continua a divulgar a intolerável infâmia de que o Papa usava na sua tiara o título de *Vicarius Filii Dei*, cujas maiúsculas latinas perfariam o número 666; mas a verdade é que nunca nenhum Papa usou esse título, mas sim o de *Vicarius Christi*, e nem sequer o usou na tiara, além de que esse suposto título, bem interpretado, não dá esse número, mas 650! E, para cúmulo, o feitiço vira-se contra o feiticeiro, pois 666 é o número que concorda perfeitamente com o nome da profetisa adventista Ellen Gould White, divulgadora dessa interpretação abusiva...

Mais difícil é a explicação referente aos 1.000 anos do Apocalipse. É no capítulo 20, 1-10 que por quatro vezes aparece esta cifra. Um anjo, com a chave do abismo, prende e acorrenta o Dragão, isto é, Satanás, durante mil anos, e, durante esse tempo, dá-se a primeira ressurreição reservada aos justos que deram testemunho de Jesus. Estes reinarão com Cristo durante mil anos, felizes porque neles não teve poder a segunda morte. Quando se completarem os mil anos, o demônio será solto para uma investida final, saindo da prisão pa- ra seduzir as nações. É então que se dará a ressurreição, para os restantes homens, e o Juízo final.

A correta interpretação desta passagem só pode ser feita se tivermos em conta o simbolismo. É certo que houve Padres da Igreja que tomaram essas palavras à letra e pensaram num reino em que Cristo voltaria à terra para reinar com os que fossem dignos da primeira ressurreição, destinada aos que morreram por Ele. Foi sobretudo com Santo Agostinho que prevaleceu uma interpretação espiritual e simbólica, tendo em conta as palavras de Jesus no Evangelho de São João 5, 25-29: *Quem ouve a minha palavra passou da morte para a vida. A primeira ressurreição* é, pois, a passagem da morte para a vida que se dá no Batismo do cristão, quando este começa a viver a vida da graça sobrenatural, distinta da ressurreição da carne, que se dará quando Cristo vier em sua glória para julgar todos os homens no fim dos tempos. O milênio é, portanto, o tempo da Igreja, os mil anos, um tempo longo sem qualquer precisão cronológica, em oposição ao *pouco tempo* de que Satanás dispõe (12, 12). Durante esse tempo, pela virtude da obra redentora de Jesus, *o príncipe deste mundo* — o demônio — *é lançado fora* (Jo 12, 31), ficando acorrentado; é, como um cão que, podendo ladrar, na realidade só pode fazer mal a quem se aproximar dele. Sobre os que aderem a Jesus não tem poder a segunda morte, isto é, a morte eterna. Quanto à derradeira investida do Dragão infernal (a *apostasia* de 2 Ts 2, 3), não se lhe pode determinar a data, pois pode dar-se por fases ao longo da história e nunca saberemos quando estamos no fim exato. Por outro lado, sempre temos de ter presente que mil anos para Deus são como o dia de ontem que já passou (cf. 2 Pd 3, 8; Sl 89, 4), de modo que as medidas humanas do tempo não servem de modo nenhum para medir o atuar de Deus na história.

## PRINCIPAIS FORMAS DE INTERPRETAR O APOCALIPSE

Antes de avançarmos para uma breve leitura comentada do texto sagrado, convém que nos detenhamos um pouco no que se tem dito sobre a interpretação de tão misteriosa obra, vista no seu conjunto. Podemos reduzir a quatro as principais interpretações que lhe foram dadas ao longo da história da Igreja.

Para uns, o Apocalipse conteria uma descrição profética dos principais períodos da história da Igreja, desde as suas origens até ao fim dos tempos. Assim Joaquim de Fiore (+1201) dividia-a em 7 períodos, sendo o último o "reino de mil anos" que Cristo viria instaurar na terra, antes do fim do mundo, tomando à letra, como acima referimos, o capítulo 20, 1-7. Nicolau de Lira

(+1340) inventou mesmo uma curiosa divisão da História em nove períodos, até à fundação das Ordens Mendicantes!

Para outros, a obra visa exclusivamente uma descrição simbólica da história contemporânea do autor, sobretudo as dificuldades e perseguições provenientes do judaísmo e do paganismo. Esta interpretação teve início no século XVI e foi assumida pela crítica racionalista do século XIX; assim, para Loisy e outros, o caráter escatológico da obra apenas se devia ao atraso da *parusia,* a segunda vinda de Cristo.

Temos outros que, pelo contrário, veem no Apocalipse uma obra de caráter sobretudo escatológico: um anúncio figurado do fim dos tempos. As imagens e as calamidades descritas seriam os sinais precursores do fim do mundo, embora admitindo que de algum modo o fim dos tempos já começou com a primeira vinda de Cristo. Esta interpretação foi feita a partir do século XVIII, e ainda hoje há alguns que a defendem.

Finalmente, temos a interpretação que parece a mais congruente e também a mais seguida pelos comentadores. Acima de tudo, o Apocalipse deve ser visto como uma filosofia e teologia da História. Certamente contém uma referência a acontecimentos da época em que foi escrito, nos fins do século primeiro, mas aparecem-nos projetados no futuro, exprimindo-se assim um drama comum a todos os tempos: a luta encarniçada das forças do mal contra Cristo e a sua Igreja, mas dando por assente a vitória definitiva de Cristo. Sendo assim, não se deve pretender encontrar argumentos em prol de um iminente fim do mundo, embora o Apocalipse aponte para o fim dos tempos, com o estabelecimento pleno do Reino de Deus, o Juízo final e a última vinda de Jesus Cristo, sem qualquer determinação de tempo definido. Os três setenários, a meio do livro, mostram que as desgraças de toda e qualquer época se enquadram dentro dos planos da sábia Providência divina, a quem pertence a última e decisiva palavra sobre o desenrolar da História. Os símbolos da Besta, do falso profeta, da prostituta, não se restringem a entidades concretas de um determinado momento histórico, mas são símbolos abertos, que bem podem significar distintos inimigos de Deus e da Igreja no decurso dos tempos até a vitória definitiva de Cristo.

# GUIA DE LEITURA

O objetivo que nos propomos é facilitar uma leitura compreensível de uma obra tão bela como misteriosa, de modo que dela se possa tirar proveito espiritual. De maneira nenhuma pretendemos que seja um trabalho de caráter científico. Por isso não nos vamos deter na discussão da estrutura do Apocalipse, que pode ser considerada de diversos pontos de vista. Limitar-nos-emos basicamente a seguir os seus conteúdos mais significativos.

A estrutura geral é clara: uma obra dotada de unidade, precedida de um prólogo (1, 1-3) e concluída com um epílogo (22, 6-21). O corpo da obra consta de duas partes bem definidas. A primeira, muito menos extensa, consta das *sete cartas* às igrejas (capítulos 2 e 3), precedidas de uma saudação de tipo epistolar e da apresentação de Cristo ressuscitado, que manda escrever às igrejas. A segunda é dedicada às *visões* e vai do capítulo 4 ao 22.

## DIVISÃO ESQUEMÁTICA DO LIVRO:

PRÓLOGO (1, 1-3)

I - AS SETE CARTAS ÀS IGREJAS (1, 4 — 3, 22)

Saudação e destinatários (1, 4-8)

Visão inicial (1, 9-20)

*Investidura profética de João e ordem de escrever*

Louvor, avisos e promessas às sete igrejas (2 — 3)

*Cartas a Éfeso, Esmirna, Pérgamo, Tiatira, Sardes, Filadélfia e Laodiceia*

II - VISÕES PROFÉTICAS DA HISTÓRIA (4, 1 — 22, 5)

*A) VISÕES PRÉVIAS AO DESENLACE FINAL* (4, 1 — 11, 14)

Visão introdutória (4, 1 — 5, 14)

*Visão de Deus no seu trono rodeado da corte celeste* (4, 1-11)

*Visão do livro fechado com sete selos e do Cordeiro* (5, 1-14)

Visões que antecedem a vitória de Cristo (6, 1 — 11, 14)

*A abertura dos primeiros seis selos* (6, 1-17)

*Visão da multidão dos que foram salvos* (7, 1-17)

*Abertura do sétimo selo* (8, 1-6)

*Toque das primeiras seis trombetas*
(8, 2 — 9, 21)
*O pequeno livro dado a comer ao vidente*
(10, 1-11)
*Morte e glorificação das duas testemunhas*
(11, 1-14)

B) VITÓRIA DE CRISTO SOBRE AS FORÇAS DO MAL E GLORIFICAÇÃO DA IGREJA (11, 15 — 22, 15)

Apresentação das forças antagônicas
(11, 15 — 16, 16)
*O toque da sétima trombeta* (11, 16-19)
*Os sinais da Mulher e do Dragão perseguidor*
(12, 1-18)
*A visão da Besta do mar e da Besta da terra*
(13, 1-18)
*Visão do Cordeiro com os seus seguidores*
(14, 1-5)
*Visão antecipada do Juízo e da vitória final*
(14, 6-20)
*Visão dos sete anjos com as sete taças da ira de Deus* (15, 1 — 16, 16)

Ruína dos perseguidores (16, 17 — 20, 15)
*A sétima taça* (16, 17-21)
*A grande Prostituta* (17, 1-18)
*A queda de Babilônia* (18, 1-24)
*Hinos de vitória dos que foram salvos*
(19-1-10)

*Visão de Cristo vitorioso e da derrota da Besta e do seu séquito* (19, 11-21)
*Os mil anos do reinado de Cristo e dos seus, com Satanás acorrentado* (20, 1-6)
*A derrota definitiva de Satanás* (20, 7-10)
*O Juízo final* (20, 11-15)

Instauração de um mundo novo (21, 1 — 22, 15):
*Um novo céu e uma nova terra* (21, 1-8)
*A Jerusalém celeste* (21, 9 — 22, 5)

Conclusão das visões (22, 6-15)

Epílogo: *"Vem, Senhor Jesus!"* (22, 16-21)

**Nota**. A tradução do Apocalipse utilizada aqui foi originalmente publicada pela Editorial Universus (Portugal). O texto recebeu o *nihil obstat*, dado pelo Doutor Pio Gonçalo Alves de Sousa, Vigário Episcopal da Educação da Fé, e o *imprimatur*, dado por D. Eurico Dias Nogueira, arcebispo primaz de Braga, a 7 de outubro de 1990.

# PRÓLOGO

1 Revelação de Jesus Cristo que Deus lhe concedeu
para manifestar aos seus servos o que em breve
deve acontecer e que Ele fez saber, mediante o envio
do seu anjo, ao seu servo João, 2 o qual atesta como
palavra de Deus e testemunho de Jesus Cristo tudo
o que viu. 3 Feliz daquele que lê e dos que ouvem
estas palavras proféticas e observam as coisas nelas
contidas, porque o tempo está próximo.

Antes de mais, fica patente a natureza do escrito: é uma *revelação (apokálypsis)* de Deus, e não simples palavra humana; é *palavra de Deus e testemunho de Jesus Cristo* (v. 2). É de Deus, o Pai, de quem procede a revelação; esta é dada a conhecer por meio de Jesus, e, para que chegue a todos os seus servos, há também uma mediação, a de João.

Logo de início, proclama-se uma bem-aventurança: a felicidade para quem lê e para quem escuta na assembleia a palavra, mas com a condição de a pôr em prática. Aqui a prática consiste em ter a certeza de que *estas palavras proféticas* se vão cumprir, e em manter firme a esperança na vitória definitiva de Cristo sobre o mal que ameaça os cristãos. Ao dizer que *o tempo está próximo,* não se pretende dar a garantia de uma data cronológica, mas apenas de uma certeza escatológica, que mantenha viva a fé e a esperança.

# I - AS SETE CARTAS ÀS IGREJAS

## Saudação e destinatários

4 João, às sete igrejas da Ásia: graça e paz vos
sejam concedidas por Aquele que é, que era e que há
de vir, por parte dos sete espíritos presentes diante
do seu trono 5 e por parte de Jesus Cristo, a teste-
munha fiel, o primogênito dos mortos, o príncipe dos
reis da terra. Àquele que nos ama, que pelo seu san-
gue nos libertou dos nossos pecados, 6 que fez de nós
um reino de sacerdotes para o seu Deus e Pai: a Ele
a glória e o poder pelos séculos dos séculos. Amém.
7 Ei-lo que vem sobre as nuvens do céu e todos os
olhos o verão, mesmo os que o trespassaram, e por
causa dEle todas as tribos da terra se lamentarão.
Sim! Amém.

8 Eu sou o Alfa e o Ômega, diz o Senhor Deus,
Aquele que é, que era e que há de vir, o Onipotente.

Estas sete cartas vão dirigidas às sete igrejas situadas na parte ocidental da península da Anatólia, a Ásia Proconsular, com a capital em Éfeso. São um forte apelo à conversão, não apenas para as comunidades a que vão dirigidas, mas, como já se disse acima, à totalidade da Igreja, simbolizada no número sete.

Como nas cartas que então se escreviam, o autor, os destinatários e a saudação aparecem logo no início. Aqui a saudação é dirigida de uma só vez a todas as sete igrejas. É uma saudação cristã — *graça e paz* —, comum às cartas de São Paulo, em que se juntam, numa só, a saudação corrente dos gregos e a dos judeus, mas dando-lhe um sentido mais profundo, pois são a graça e a paz que nos vêm da parte de Deus, como participação na sua própria vida trinitária.

Com efeito, temos aqui uma referência às três pessoas divinas, Pai, Filho e Espírito Santo. O Pai é *aquele que é, que era e que há de vir,* o Senhor que tem sob o seu poder o curso da História, o passado, o presente e o futuro. O Filho é Jesus ressuscitado, *que pelo seu sangue nos libertou dos nossos pecados,* fazendo-nos participar da sua missão régia e sacerdotal (v. 6). Numa combinação de dois textos proféticos apocalípticos, Jesus aparece triunfante daqueles *que o trespassaram* (Zc 12, 10.14; cf. Jo 19, 37) e continuam a persegui-lo, mas hão de ver

## A visão inicial

*Investidura profética de João e ordem de escrever*

[9] Eu, João, vosso irmão e companheiro na tribu-
lação, na realeza e na paciência em Jesus, encon-
trava-me na ilha de Patmos por causa da palavra de
Deus e do testemunho de Jesus. [10] Num domingo, caí
em êxtase e ouvi atrás de mim uma voz forte, como
de trombeta, [11] que dizia: "Escreve o que vês num livro
e envia-o às sete igrejas: Éfeso, Esmirna, Pérgamo,
Tiatira, Sardes, Filadélfia e Laodiceia".

assombrados a glória do Crucificado: Ele *vem sobre as nuvens do céu* (v. 7; cf. Dn 7, 13), como garantia da vitória final, de modo a infundir esperança no coração dos fiéis perseguidos. O Espírito Santo é referido nos *sete espíritos presentes diante do trono* de Deus (v. 4), que não são sete anjos especiais, mas — como entenderam os Santos Pa-dres — o próprio Espírito Santo na totalidade (sete) dos seus dons. Este trecho tem um colorido de diálogo litúrgico, como também o final do livro, numa espécie de síntese de toda a obra (22, 6-21), com a resposta da assembleia — *Amém* (sim) —, a mesma com que os fiéis respondemos na Liturgia.

O VIDENTE de Patmos aparece a receber o mandato de escrever às sete igrejas, num ambiente que parece o da liturgia dominical, no primeiro dia da semana já então chamado *Domingo* (v. 10). Esta ordem é recebida através de uma visão, como no caso da vocação dos profetas (cf. Is 6; Ez 1 e 2; Zc 1 e 2). A visão de Cristo é grandiosa e impressionante, evidenciando-se a sua suprema dignidade por meio de uma grande riqueza de símbolos.

12 Voltei-me para ver de quem era a voz que falava
comigo; ao voltar-me, vi sete candelabros de ouro 13
e no meio deles alguém como um Filho de homem,
vestido com uma longa túnica até aos pés e cingido
no peito com um cinto de ouro. 14 A cabeça e os ca-
belos eram brancos como lã da cor da neve, os olhos
como uma chama de fogo, 15 os pés semelhantes ao
bronze quando se abrasa no cadinho, e a voz como o
estrondo de águas torrenciais. 16 Tinha na mão direita
sete estrelas. Saía-lhe da boca uma espada afiada de
dois gumes, e o rosto brilhava como o sol em todo o
seu resplendor.

João *voltou-se para ver* (v. 12). Isto é dito como sendo um convite que se dirige ao leitor de então e ao de todos os tempos para que se concentrem na contemplação da figura do Senhor a fim de irem deslindando a riqueza dos sinais com que Jesus Cristo se revela. Ele é visto como Juiz escatológico, aquele que tem a última e decisiva palavra, pois é designado com a expressão profética de Dn 7, 13 — *como um Filho de homem* (v. 13) —, pelo que preferimos aqui esta tradução literal.

Jesus aparece como sacerdote, pela *túnica até aos pés* (cf. Ex 28, 4), e como rei, pelo *cinto de ouro* (cf. Is 11, 5; 1 Mc 10, 89), no meio de *sete candelabros de ouro,* que representam a Igreja em oração, bem como pela alusão ao candelabro de sete braços do templo de Jerusalém, a *menoráh* (Ex 27, 20). E a descrição continua basicamente com a linguagem de Daniel 7, 9; 10, 4-5: *os cabelos brancos,* que sugerem a sua eternidade; *os pé de metal,* a firmeza e estabilidade; *os olhos como uma chama de fogo,* a ciência divina que examina a Igreja e sonda os corações (cf. 1 Sm 16, 7). *A sua voz* é poderosa *como o estrondo de águas torrenciais* (cf. Ez 1, 24), indicando a força e a autoridade divina da sua palavra, uma palavra com poder decisório, pois *da sua boca saía uma espada afiada de dois gumes* (cf. Is 49, 2; Hb 4, 12).

17 Mal o vi, caí-lhe aos pés como morto; mas Ele
pousou a mão direita sobre mim e disse:
"Não tenhas medo; eu sou o Primeiro e o Último,
18 aquele que vive; estive morto, mas eis-me vivo pe-
los séculos dos séculos, e tenho as chaves da morte
e do Hades. 19 Escreve, pois, o que viste: tanto as
coisas que estão a acontecer como o que deve acon-
tecer depois. 20 Eis o mistério das sete estrelas que
viste na minha mão direita e dos sete candelabros de
ouro: as sete estrelas são os anjos das sete igrejas,
e os sete candelabros as sete igrejas.

As *sete estrelas, que segura na sua mão direita,* são uma alusão aos anjos das sete igrejas (1, 20), e um símbolo da autoridade de Jesus sobre a Igreja e da providência com que as cuida. Na interpretação mais habitual, os anjos das igrejas são os seus bispos, como se verá no endereço de cada uma das sete cartas; nesta passagem podiam ser as próprias igrejas ou os seus anjos da guarda. *O rosto* da visão *brilhava como o sol,* o mesmo que na visão da Transfiguração (Mt 17, 2 par).

Eis o comentário espiritual de Santo Agostinho: "As sete igrejas, às quais São João escreve, são a Igreja Católica e Una. O número sete relaciona-se com a graça septiforme. (...) Representam também a Igreja os sete candelabros. O (indivíduo) "*semelhante a um Filho de homem*", no meio dos candelabros, é Cristo no centro da Igreja. O cinto que envolve o seu peito são os dois Testamentos, que recebem do peito de Cristo o leite espiritual, alimento do povo de Deus para a vida eterna".

Mas a revelação mais clara da pessoa de Jesus ressuscitado está nas palavras da sua boca, ao dar a João a ordem de escrever: *Eu sou o Primeiro e o Último* (v. 17). Com esta expressão identifica-se como Deus, pois é assim que também Yavé se autodefine em Isaías (Is 44, 6; 48, 12).

João, investido numa missão profética, deve escrever, por um lado, *as coisas que estão a acontecer*, por outro, *o que deve acontecer depois*, uma fórmula que parece anunciar a divisão da obra nas duas partes que já referimos: as cartas às igrejas e as visões escatológicas.

Todas as cartas seguem um esquema comum e visam como objetivo principal a conversão, repetindo-se por seis vezes o verbo — *metanoein* (2, 5.16.21a.21b; 3, 3.19) —, o mesmo com que Jesus começou a sua pregação do Evangelho do Reino (cf. Mc 1, 15: "arrependei-vos"). É curioso verificar que a ordem das sete cartas corresponde à rota do correio imperial na Ásia Menor, desde Éfeso até Laodiceia. Eis o esquema da redação das cartas:

— *Escreve ao anjo da igreja de...* Estas palavras deixam ver a responsabilidade dos dirigentes da Igreja pelo que se passa nas suas respectivas comunidades.

— *Isto diz o...* E Cristo faz a sua autoapresentação, com alguma das diversas prerrogativas antes mencionadas na visão inicial.

— *Conheço...* E Jesus faz uma avaliação da situação da igreja a que se dirige, louvando o que há de positivo e censurando vigorosamente o que se está a passar de mau ou menos bom: *tenho contra ti...*

— *Apelo à conversão*... É feito de forma insistente e constitui como que o cerne das cartas.

— *Uma promessa: Ao vencedor darei*... Assim se procura levantar o ânimo dos fiéis, que estão empenhados numa luta da qual têm de sair vitoriosos. E com efeito toda a vida cristã é uma luta, como também na linguagem paulina. Cristo pode garantir a vitória: Ele mesmo é vencedor e parte *com o gesto vitorioso de quem vai vencer* (6, 2).

— *Quem tem ouvidos ouça o que o Espírito diz às igrejas.* É o apelo final em todas as cartas. Desta forma, é toda a Igreja que é incitada a ler com fé e ponderação a palavra de Deus escrita, pois através dela nos fala o Espírito Santo.

## Louvor, avisos e promessas às sete igrejas

*Carta a Éfeso*

2 Ao anjo da igreja de Éfeso escreve: "Isto diz Aque-
le que tem as sete estrelas na mão direita e anda
no meio dos candelabros de ouro: 2 Conheço as tuas
obras, o teu trabalho e a tua paciência. Sei que não
podes tolerar os maus: puseste à prova os que se di-
zem apóstolos e não o são, e achaste-os mentirosos.
3 Tens paciência e tens sofrido pelo meu nome, sem
te cansares. 4 Mas tenho contra ti que perdeste a tua
primeira caridade. 5 Lembra-te, pois, donde caíste,
arrepende-te e pratica as obras de antes. De con-
trário, virei a ti e removerei o teu candelabro do seu
lugar, a não ser que te arrependas. 6 Tens, no entanto,
a teu favor que detestas as obras dos nicolaítas, que
eu também detesto.

ÉFESO, então uma grande cidade portuária, hoje Efes, a uns cinco quilômetros do mar Egeu, era célebre pelo templo de Ártemis (Diana), uma das sete maravilhas do mundo. Evangelizada por São Paulo durante perto de três anos, foi a cidade onde o Apóstolo se demorou mais tempo. Aqui o Evangelho se propagou com força e se robusteceu (cf. At 19, 20). Com o tempo, porém, esta comunidade tinha deixado arrefecer a *primeira caridade* e é incitada a voltar a fazer as obras do princípio.

Dos *nicolaítas* aqui mencionados pouco ou nada se sabe; poderia ser um grupo de cristãos que vinha cedendo aos costumes pagãos (cf. 2, 15). Como se não bastassem as dificuldades exteriores, começavam a aparecer no interior dessa igreja desvios doutrinais, para os quais já São Paulo alertara os presbíteros da comunidade: *Sei que, depois de eu partir, hão de introduzir-se entre vós lobos temíveis que não pouparão o rebanho e que, mesmo no meio de vós, hão de erguer-se homens de palavras perversas para arrastarem discípulos atrás de si* (At 20, 29-30). Era um aviso que ali vinha tendo atualidade. E também a tem nos nossos dias, sobretudo a partir de uma "hermenêutica da descontinuidade e da ruptura do Concílio", como alertou o Papa Bento XVI à Cúria Romana (22.12.2005), assim como já Paulo VI em 29.06.1972 tinha denunciado com mágoa: "O fumo

7 Quem tiver ouvidos ouça o que o Espírito diz às
igrejas. Ao vencedor darei a comer da árvore da vida
que está no Paraíso de Deus".

*Carta a Esmirna*

8 Ao anjo da igreja de Esmirna escreve: "Isto diz
o Primeiro e o Último, Aquele que esteve morto e
voltou à vida: 9 Conheço a tua tribulação e a tua po-
breza — embora sejas rico —, e as calúnias daqueles
que se dizem judeus e não passam de uma sinagoga
de Satanás. 10 Nada temas do que estás para sofrer:
eis que o Diabo vai lançar alguns de vós na prisão,
para serdes provados; sofrereis tribulação durante
dez dias. Sê fiel até à morte, e dar-te-ei a coroa da
vida. 11 Quem tiver ouvidos ouça o que o Espírito diz
às igrejas: o vencedor nada tem a recear da segunda
morte".

de Satanás entrou por alguma fenda no templo de Deus... Pensava-se que, depois do Concílio, o sol brilharia sobre a história da Igreja. Mas, em vez do sol, apareceram as nuvens, a tempestade, as trevas, a incerteza. Interveio uma potência hostil. Seu nome é o demônio, esse ser misterioso de quem nos fala São Pedro na sua primeira Epístola".

E a carta termina com uma promessa alentadora (2, 7): *Ao vencedor darei a comer da árvore da vida,* um símbolo da posse da vida eterna (cf. 22, 2), prometida a todo o cristão, não apenas aos de Éfeso.

*Esmirna,* hoje a importante cidade de Izmir, onde ainda há muitos cristãos, ficava a uns 60 km a norte de Éfeso. Em face da divinização do imperador romano, cujo culto por ali se promovia, Jesus apresenta-se com um título divino: *o Primeiro e o Último,* pois só Ele é em verdade Senhor e Deus, sempre existiu e jamais há de deixar de existir.

Os cristãos passavam por uma situação delicada: à hostilidade do paganismo reinante juntava-se a dos judeus, aqui tratados como *sinagoga de Satanás,* por estarem ao serviço dele; é evidente que isto não é dito de todos os judeus, mas apenas daquela situação concreta. Foi precisamente por instigação de um grupo de judeus dessa cidade que, uns cinquenta anos depois, o bispo São Policarpo, discípulo de São João, veio a ser queimado vivo aos 87 anos.

*Carta a Pérgamo*

12 Ao anjo da igreja de Pérgamo escreve: "Isto diz
Aquele que tem a espada afiada de dois gumes: 13 Sei
que moras onde se ergue o trono de Satanás; no en-
tanto, manténs firme o meu nome e não negaste a fé
em mim nem mesmo nos dias em que Antipas, minha
fiel testemunha, foi morto entre vós, onde Satanás
habita. 14 Mas tenho alguma coisa contra ti: admites
aí os que seguem a doutrina de Balaão, que ensinava
Balac a fazer tropeçar os filhos de Israel para que
comessem carne imolada aos ídolos e fornicassem.
15 Também toleras os sequazes da doutrina dos nico-
laítas. 16 Arrepende-te, pois. De contrário, em breve
virei a ti e combaterei contra eles com a espada da
minha boca.

17 Quem tiver ouvidos ouça o que o Espírito diz às
igrejas: "Ao vencedor darei o maná escondido; dar-
-lhe-ei também uma pedrinha branca, na qual estará
escrito um nome novo que ninguém conhece, a não
ser aquele que a recebe".

Esta igreja não tem nada a censurar e só recebe palavras de ânimo e conforto. A tribulação duraria *dez dias,* isto é, muito pouco tempo. Ao que for fiel até à morte é prometida *a coroa da vida* e não sofrerá *a segunda morte* (cf. 20, 6.14; 21, 8), a morte eterna.

Em *Pérgamo,* situada a norte de Esmirna uns 60 km, célebre pela indústria de pergaminhos e pelo santuário de Esculápio, o ambiente pagão era asfixiante e já havia mártires (um certo Antipas). Entre os cristãos circulavam à vontade alguns que de-fendiam a participação nos banquetes idolátricos, eivados de ritos eróticos, instigando à idolatria como Balaão, segundo uma tradição rabínica. O cristão não podia ceder ao paganismo reinante naquela altura, como não o pode nos nossos dias.

Chama a nossa especial atenção a promessa do *maná escondido,* bem como a da *pedrinha branca* e nela gravado *um nome novo* que ninguém conhece a não ser quem o recebe. O maná escondido é a Eucaristia, em contraposição com os banquetes idolátricos (cf. 1 Cor 10, 21; Jo 6, 31-33); diz-se *escondido,* não só porque é misterioso, mas pela (escondida) dimensão escatológica da Eucaristia, que prefigura, antecipa e prepara o banquete celeste. A pedra branca com o nome escrito bem pode significar o bilhete de acesso ao céu, a nova Jerusalém, numa alusão ao costume de

*Carta a Tiatira*

18 Ao anjo da igreja de Tiatira escreve: "Isto diz o
Filho de Deus, que tem olhos como chama de fogo e
pés semelhantes ao bronze.

19 Conheço as tuas obras: a tua caridade, a tua
fé, a tua dedicação, a tua paciência e as tuas últi-
mas obras, que são maiores do que as primeiras. 20
Mas tenho contra ti que permites a Jezabel, que se
diz profetisa, ensinar e seduzir os meus servos para
fornicarem e comerem carne imolada aos ídolos. 21
Dei-lhe tempo para se arrepender, mas ela não quer
arrepender-se da sua prostituição. 22 Vou prostrá-la
num leito de dor e lançar os que com ela se prostituí-
ram numa grande tribulação, se não se arrepende-
rem das suas obras. 23 Também ferirei de morte os
seus filhos, e assim todas as igrejas reconhecerão
que sou Eu que sondo os rins e os corações e pagarei
a cada um de vós segundo as suas obras.

24 Aos outros que estais em Tiatira, que não par-
tilhais dessa doutrina, que não conheceis as profun-
dezas de Satanás, como eles dizem, declaro que não
porei sobre vós outra carga; 25 mas guardai o que
tendes até ao meu regresso.

apresentar uma pedra selada para entrar num festim. O nome novo que ninguém conhece sugere a transformação espiritual e a intimidade divina garantida ao vencedor (cf. Is 62, 2).

A TIATIRA, a mais pequena das sete cidades (hoje Ak-Hissar), 65 km a sudeste de Pérgamo, é dirigida uma carta mais extensa. É a única vez em todo o Apocalipse em que Jesus se intitula *Filho de Deus*. É censurada a tolerância que havia na cidade para com os promotores de cultos idolátricos entre os cristãos, tendo à frente uma profetisa de nome emblemático, Jezabel, a mulher pagã que promoveu o culto a Baal em Israel e perverteu o próprio rei Jeroboão (1 Rs 16, 31). A referência às *profundezas de Satanás* pode aludir a doutrinas secretas de salvação reservadas a iniciados, como no gnosticismo, que começaria a aparecer por ali. A promessa, com referência ao Salmo 2, é a de participar na soberania de Cristo, bem como a de receber *a estrela da manhã*. Esta é Cristo ressuscitado (22, 16; 2 Pd 1, 19), com quem o vencedor entra em plena comunhão, podendo assim dizer-se que lhe é dada a estrela da manhã.

26 Ao vencedor, àquele que que observar até ao
fim as minhas obras, darei poder sobre as nações
27 e governá-las-á com cetro de ferro, quebrá-las-á
como vasos de barro 28 – assim como também eu
recebi [tal poder] de meu Pai – e dar-lhe-ei a estrela
da manhã. 29 Quem tiver ouvidos ouça o que o Espírito
diz às igrejas".

*Carta a Sardes*

3 Ao anjo da igreja de Sardes escreve: "Isto diz
Aquele que tem os sete espíritos de Deus e as
sete estrelas: Conheço as tuas obras; tens o nome
de vivo, mas estás morto. 2 Mantém-te vigilante e
consolida o que resta e está para morrer, porque não
achei as tuas obras perfeitas diante do meu Deus.
3 Lembra-te, pois, de como acolheste e ouviste a
Palavra; guarda-a e arrepende-te. Porque se não
vigiares, virei a ti como um ladrão, sem que saibas a
hora a que chegarei. 4 Tens, no entanto, em Sardes
algumas pessoas que não mancharam as suas ves-
tes: elas acompanhar-me-ão, vestidas de branco,
porque são dignas.

5 O vencedor será assim revestido de vestes
brancas, e Eu não apagarei o seu nome do livro da
vida, mas confessá-lo-ei diante de meu Pai e dos
seus anjos. 6 Quem tiver ouvidos ouça o que o Espí-
rito diz às igrejas".

SARDES era um importante centro comercial a 50 km a sudeste de Tiatira, do qual só restam ruínas junto à aldeia de Start. A carta a esta igreja é a mais severa das sete. Cristo apresenta-se como tendo os sete espíritos de Deus e as sete estrelas, para indicar que possui a plenitude do Espírito Santo para santificar a Igreja, que Ele tem na sua mão, simbolizada nas sete estrelas (cf. 2, 1; 1, 20).

As censuras dirigidas ao chefe da igreja são, como das outras vezes, para a própria comunidade: *Tens o nome de vivo, mas estás morto.* Isto é, aos olhos humanos tem vida, mas não interiormente, pois lhe falta a vida cristã, que é uma vida de fé, de esperança e de amor, e muitos viveriam mesmo no pecado, que é morte espiritual (cf. Lc 15, 24). A queixa: *Não achei as tuas obras perfeitas* é um repto ao leitor para um apurado exame de consciência, tendo diante o apelo do Senhor no Evangelho: *Sede perfeitos como o vosso Pai celeste é perfeito* (Mt 5, 48).

A promessa da bem-aventurança do céu — *acompanharão* Cristo na sua glória — é feita através de um símbolo de vitória e alegria, *as vestes brancas,* e da referência ao *livro da vida* (cf. Dn 12, 1; Ex 32, 32-33; Lc 10, 20; Fl 4, 3), donde o nome do vencedor não seria apagado. O símbolo do livro da vida é muito frequente no Apocalipse (3, 5;13, 8; 17, 8; 20, 12.15; 21, 27), como garantia da salvação.

*Carta a Filadélfia*

7 Ao anjo da igreja de Filadélfia escreve: "Isto diz o
Santo, o Veraz, Aquele que tem a chave de Davi, que
abre e ninguém fecha, que fecha e ninguém abre: 8
Conheço as tuas obras. Abri diante de ti uma porta que
ninguém pode fechar; ainda que disponhas de poucas
forças, tens, contudo, guardado a minha palavra, sem
negar o meu nome. 9 Vou dar-te alguns da sinagoga de
Satanás, desses que se dizem judeus e não o são, mas
mentem; farei com que eles venham e se prostrem a
teus pés e reconheçam que Eu te amo. 10 Visto que
observaste a minha palavra de paciência, também
Eu te guardarei na hora da tentação que está para vir
sobre todo o mundo, a fim de provar os habitantes da
terra. 11 Venho em breve; conserva bem o que possuis,
para que ninguém te tire a coroa.

12 Do vencedor, farei uma coluna no templo do
meu Deus, do qual não sairá jamais; sobre ele es-
creverei o nome do meu Deus e o nome da cidade do
meu Deus, a nova Jerusalém que desce do céu, de
junto de meu Deus, assim como o meu nome novo.

13 Quem tiver ouvidos ouça o que o Espírito diz
às Igrejas".

A *Filadélfia*, hoje Alacheir, a uns 45 km a sudeste de Sardes, não lhe é feita nenhuma recriminação, e Jesus apresenta-se com três títulos que ainda não tinham aparecido: *o Santo, o Veraz, Aquele que tem a chave de Davi.* O título de Santo (cf. Jo 6, 69) é próprio de Deus, sobretudo em Isaías (Is 40, 25; Hab 3, 3; Os 11, 9); o terceiro título é uma adaptação de Is 22, 20-25, para mostrar todo o poder de Cristo sobre a sua Igreja (cf. Mt 16, 19). É com base neste título que Ele promete uma porta aberta para o anúncio do Evangelho, em face da perseguição de uns judeus que não mereciam esse nome; com a porta da sinagoga fechada, outra porta se lhes abre; aos que permanecerem fiéis na hora da provação, é-lhes garantida a entrada na *nova Jerusalém que desce do céu* (22, 2.10), onde serão *uma coluna,* isto é, onde terão um lugar de honra.

*Carta a Laodiceia*

[14] Ao anjo da igreja da Laodiceia escreve:

"Isto diz o Amém, a testemunha fiel e veraz, o
princípio da criação de Deus: [15] Conheço as tuas
obras: não és nem frio nem quente. Oxalá fosses frio
ou quente. [16] Mas, porque és morno, nem frio nem
quente, estou para te vomitar da minha boca. [17] Dizes:
"Sou rico, estou cheio de bens, e de nada preciso", e
não sabes que és infeliz, miserável, pobre, cego e nu.
[18] Aconselho-te a comprares de mim ouro acrisolado
no fogo para te enriqueceres, vestes brancas para te
cobrires e não aparecer a tua vergonhosa nudez, e
colírio para ungires os olhos e recuperares a vista. [19]
Àqueles a quem amo repreendo e castigo. Enche-te,
pois, de zelo e arrepende-te. [20] Eis que estou à porta e
bato; se alguém ouvir a minha voz e me abrir a porta,
entrarei em sua casa e cearei com ele e ele comigo.

[21] Ao vencedor, fá-lo-ei sentar-se comigo no meu
trono, da mesma forma que Eu venci e me sentei com
meu Pai no seu trono. [22] Aquele que tiver ouvidos
ouça o que o Espírito diz às igrejas".

LAODICEIA tinha sido fundada pelo discípulo de São Paulo, Epafras (Cl 1, 7; 2, 1) e merecera receber uma carta do Apóstolo (Cl 4, 16). A esta cidade correspondem hoje as ruínas de Eski Hissar. Situava-se muito perto de Colossas, a uns 65 km a sudeste de Filadélfia, já nas imediações da Frígia. Abalada por um terremoto em 60/61 d. C., quis reconstruir-se pelos seus próprios meios sem a ajuda imperial, orgulhosa da sua prosperidade: *Sou rico, estou cheio de bens, e de nada preciso* (v. 17).

Na carta, Jesus apresenta-se com outros novos títulos: o título divino de *o Amém*, um nome de Deus em Is 65, 16 (cf. 2 Cor 1, 20); este título fica esclarecido com o seguinte: *a testemunha fiel e veraz*, pois em hebraico a palavra *émet* fidelidade/verdade é do mesmo campo semântico de *Amen*. O título de Cristo como *o Princípio da criação* (de Deus) aponta para o seu papel na Criação, dado que "tudo foi feito por Ele" (Jo 1, 3) e condiz com a sua primazia sobre toda a criação, tema central da Epístola aos Colossenses.

A censura a esta igreja reveste-se de uma particular dureza: *Estou para te vomitar da minha boca.* Tal é a repugnância que causa a Deus uma vida aburguesada e medíocre — *és morno, nem frio nem quen-te* —, bem simbolizada nas águas mornas das termas locais. Na fé e no amor a Deus não há lugar para o meio termo, como diz São Josemaria Escrivá: "«In medio virtus»... —A virtude está no meio, diz a sábia sentença, para nos afastar dos extremismos. — Mas não vás cair no logro de converter esse conselho em eufemismo para encobrires o teu comodismo, a tua matreirice, a tua tibieza, a tua "cara-de-pau", a tua falta de ideais, o teu aburguesamento. Medita aquelas palavras da Escritura Santa: *Oxalá fosses frio ou quente! Mas porque és tíbio, e não frio nem quente, estou para te vomitar da minha boca*"[1].

A soberba e autossuficiência do cristão é posta em ridículo e ironizada nesta carta: *Não sabes que és infeliz, miserável, pobre, cego e nu* (v. 17). E são apontados os correspondentes remédios: para a pobreza, o *ouro* do amor de Deus acrisolado pelo fogo do sacrifício e das provações; para a cegueira, com uma alusão aos conhecidos preparados pelos médicos locais, o *colírio* espiritual da fé, a fim de se verem todas as coisas com visão sobrenatural, com o mesmo olhar de Cristo; para a nudez, com o símbolo das *vestes brancas* (em contraste com os tecidos de lã negra ali fabricados), uma vida pura, não contaminada pelos costumes imorais do paganismo, uma vida digna de uma Igreja que é a esposa do Cordeiro (cf. 3, 4; 7, 9.13).

1 São Josemaria Escrivá, *Sulco*, Quadrante, São Paulo, n. 541.

Com amor de pai, Deus previne e avisa, mais do que ameaça: *Àqueles a quem amo, repreendo e castigo* (v. 19; cf. Pr 3, 12; Hb 12, 7-8). E o remédio para a tibieza é ainda mais concretizado: *Enche-te de zelo e arrepende-te* (v. 19), como se dissesse: "Converte-te para um novo estilo de vida, marcado pelo fervor da caridade e pelo zelo da glória de Deus". E para que o apelo à conversão surta efeito, mais do que advertências, Cristo faz promessas maravilhosas, com uma ternura que lembra o esposo do Cântico dos Cânticos: *Eis que estou à porta e bato* (v. 20; cf. Ct 5, 2). O *entrar em casa e cearem* juntos (v. 20) num convívio de amor tem a sua máxima concretização na intimidade da Eucaristia. E, como se fosse pouco, oferece-se *um trono,* a saber, a participação na vitória e realeza de Cristo, para reinar com Ele por todo o sempre.

# II – VISÕES PROFÉTICAS DA HISTÓRIA

## A) VISÕES PRÉVIAS AO DESENLACE FINAL

RECEBIDA a mensagem de conversão dirigida a toda a Igreja, esta fica preparada para receber a mensagem acerca das *coisas que acontecerão depois* (4, 1), referidas nesta segunda parte do livro. O autor pretende fazer ver ao leitor que essas coisas que irão acontecer, mesmo as mais tremendas, entram nos planos da Providência divina. São apresentadas em forma de visões simbólicas, que se encadeiam umas nas outras com grande intensidade dramática, sucedendo-se num ritmo acelerado e num *crescendo* vertiginoso. O leitor sente-se arrebatado e envolvido na ação. Participa das aclamações ao Cordeiro, que desde o princípio se mostra vitorioso, mesmo no meio das maiores catástrofes; sente também que é protagonista no gigantesco combate entre as forças do bem e as forças do mal; fica a perceber que as calamidades de toda e qualquer época se enquadram num projeto sapiente de Deus, que é quem tem a última palavra da História. Como já fizemos notar, João não pretende expor a sucessão cronológica dos acontecimentos históricos, mas a realidade invisível que está por detrás deles, a luta implacável entre Cristo e Satanás. E a melhor maneira que encontra para mostrar esta realidade invisível é o recurso aos símbolos, fazendo-o com uma mestria insuperável.

Esta segunda parte do Apocalipse é a propriamente apocalíptica, que podemos dividir em duas

## Visão introdutória

*Visão de Deus no seu trono rodeado da corte celeste*

4 Depois disso, tive uma visão: uma porta estava
aberta no céu, e a voz, que antes me ouvira falar
como uma trombeta, dizia: "Sobe até aqui, que te
quero mostrar o que deve acontecer depois disto".
2 Imediatamente caí em êxtase e vi um trono le-
vantado no céu, sobre o qual estava alguém sentado.
3 Aquele que estava sentado parecia semelhante
a uma pedra de jaspe e de sardônio; circundava o
trono um arco-íris, semelhante à esmeralda. 4 À volta
do trono havia outros vinte e quatro, nos quais se
sentavam vinte e quatro anciãos, vestidos de roupas
brancas, com coroas de ouro na cabeça. 5 Do trono
saíam relâmpagos, vozes e trovões, e, em frente dele,
ardiam sete lâmpadas de fogo, os sete espíritos de
Deus. 6 Diante do trono havia um mar transparente
como cristal; no meio e à volta do trono, estavam
quatro seres vivos cheios de olhos na frente e atrás.
7 O primeiro era semelhante a um leão, o segundo a
um touro, o terceiro tinha o aspecto de um homem
e o quarto parecia-se com uma águia em pleno voo.
8 Esses quatro seres vivos, cada qual com seis asas,
estavam cheios de olhos por fora e por dentro, e não
cessavam de repetir dia e noite:

bem distintas, embora nem todos os estudiosos coincidam no ponto onde fazer a divisão.

Neste primeiro conjunto de grandiosas visões, são fáceis de distinguir duas seções.

Uma primeira (capítulos 4 e 5), que serve de introdução a todas as visões, leva o leitor a ver, desde o início, através de símbolos bem expressivos, que as vicissitudes da história da Igreja e da humanidade só podem ser entendidas a partir de Cristo.

Na segunda, o Cordeiro — o único que possui a chave para abrir os selos que mantêm cerrado o livro da História — vai abrindo sucessivamente os seus sete selos, deixando ver o sentido das calamidades que assolam a humanidade. Isto dá-se num clima de crescente expectativa de que venha a ser aberto o sétimo selo; e este é o momento em que começam a tocar, como símbolo da poderosa voz divina, uma após outra, as seis primeiras das sete trombetas. E esta seção termina com um grande suspense, à espera de que comece a tocar a sétima trombeta: *Então se cumprirá o desígnio de Deus, como Ele tinha anunciado aos seus servos, os profetas*. Consideramos que o toque da sétima trombeta (11, 15) é o início da última parte da obra, que culmina na vitória de Cristo sobre as forças do mal e na glorificação da Igreja.

João faz-nos assistir a um espetáculo grandioso e deslumbrante. A visão representa a majestade de

"Santo, Santo, Santo é o Senhor, Deus Onipoten-
te, Aquele que era, que é e há de vir".
9 E de cada vez que esses seres vivos davam
glória, honra e graças Àquele que está sentado no
trono e que vive pelos séculos dos séculos, 10 os vinte
e quatro anciãos prostravam-se diante dEle, ado-
ravam Aquele que vive pelos séculos dos séculos e
depunham as suas coroas diante do trono, dizendo:
11 "És digno, ó Senhor nosso Deus, de receber
a glória, a honra e o poder, porque criaste todas as
coisas; foi pela tua vontade que elas existiram e fo-
ram criadas".

Deus no céu, através do símbolo de um *trono,* tudo com o recurso a imagens do Antigo Testamento. O Apóstolo evita rebaixar a imagem de Deus com uma representação em figura humana, e para isso apresenta-o na figura das mais ricas e belas pedras preciosas, tendo por auréola o arco-íris. A tremenda majestade de Deus sobressai com as imagens da teofania do Sinai: relâmpagos, ribombar de trovões e fogo (cf. Ex 19, 16.18); e é no fogo que se veem os sete espíritos de Deus, isto é, o Espírito Santo na plenitude dos seus dons, um fogo que faz lembrar as línguas do Pentecostes (At 2, 3).

O trono divino está assente sobre aquilo que na cultura antiga eram as águas superiores: um oceano acima do firmamento que, visto como um mar transparente semelhante a cristal, era exatamente o contrário do mar tenebroso, caótico e indomável da visão dos judeus; era como um mar aos pés do seu Senhor, que sobre ele tem domínio absoluto e que, numa leitura cristológica, acalma as tempestades (cf. Mc 4, 39-41). Por outro lado, o mar de cristal faz ressaltar o ambiente litúrgico, pela alusão ao mar de bronze no templo de Jerusalém (cf. 1 Rs 7, 23-26).

Deus é representado com a sua corte: *Vinte e quatro anciãos,* que simbolizam, mais provavelmente, os *santos* do Antigo e do Novo Testamento, pela alusão às doze tribos de Israel às quais se soma a

### *Visão do livro fechado com sete selos e do Cordeiro*

5 Vi também na mão direita dAquele que estava
sentado no trono um livro escrito por dentro e por
fora e lacrado com sete selos. 2 E vi um anjo forte que
bradava em alta voz: "Quem é digno de abrir o livro e de
quebrar os seus selos?" 3 E ninguém era capaz, nem no
céu nem na terra, nem debaixo da terra, de abrir o livro
nem de olhar para ele. 4 E eu chorava muito, porque
não se encontrava ninguém digno de abrir o livro e de
o ler. 5 Um dos anciãos disse-me então: "Não chores!
Eis que o leão da tribo de Judá, o rebento de Davi,
venceu e por isso abrirá o livro e os seus sete selos".

6 A seguir, vi, de pé, entre o trono com os quatro
seres vivos e os anciãos, um Cordeiro como que imo-
lado, com sete chifres e sete olhos, que são os sete
espíritos de Deus, enviados à terra inteira. 7 Avançou
e tomou o livro da mão direita dAquele que estava
sentado no trono. 8 Quando o tomou, os quatro se-
res vivos e os vinte e quatro anciãos prostraram-se
diante do Cordeiro, cada um com uma cítara e taças
de ouro cheias de aromas, que são as orações dos
santos. 9 Cantavam um cântico novo, dizendo:

Igreja dos doze Apóstolos. Outro elemento importante da corte celeste são os *quatro seres vivos*. Não faz sentido traduzir *téssara zôa* por quatro animais, pois o terceiro tem um rosto humano. A visão destas quatro figuras é inspirada na de Ezequiel 1, 5-11, e é de muito problemática identificação. Partindo de que quatro é um número de totalidade cósmica, poderemos ver neles uma relação com a criação inteira, representada nos quatro pontos cardeais; a sua descrição com seis asas (extrema agilidade) e a semelhante aclamação a Deus faz pensar nos Serafins da visão de Isaías 6, 2-3, com a particularidade de as asas estarem cheias de olhos (ciência e vigilância perfeitas). A partir de Santo Ireneu, a tradição e a iconografia cristã viram representados nestes seres os quatro evangelistas, vindo a prevalecer a seguinte correspondência: no leão, vê-se Marcos; no touro, Lucas; no homem, Mateus; na águia, João. E este quadro termina com toda a corte celeste a irromper num hino de louvor, de ação de graças e de adoração a Deus.

O VIDENTE de Patmos chora desolado ao ver na mão direita de Deus um livro em forma de rolo, escrito nas duas faces, mas sem que possa ser desdobrado para se poder ler, pois, para os olhos humanos, estava completamente fechado, com sete

"Tu és digno de tomar o livro e de lhe abrir os se-
los, porque foste imolado e com o teu sangue resga-
taste para Deus homens de toda a tribo, língua, povo
e nação 10 e fizeste deles um reino de sacerdotes para
o nosso Deus. E reinarão sobre a terra".
11 Ouvi ainda a voz de muitos anjos que rodeavam
o trono, os seres vivos e os anciãos. O seu número era
de miríades de miríades e de milhares de milhares, 12
e diziam em alta voz:
"Digno é o Cordeiro imolado de receber o poder,
a riqueza, a sabedoria, a força, a honra, a glória e o
louvor".
13 E ouvi toda a criatura que está no céu, sobre
a terra, debaixo da terra e sobre o mar e todas as
coisas neles contidas exclamarem: "Àquele que está
sentado no trono e ao Cordeiro o louvor, a honra, a
glória e o poder pelos séculos dos séculos". 14 E os
quatro seres vivos diziam: "Amém". E os anciãos
prostravam-se em adoração.

selos. É-lhe dito que quem pode abrir o rolo é o *leão da tribo de Judá*, o *rebento de Davi*, duas formas de designar Jesus como o Messias, a primeira tirada das bênçãos de Jacó (Gn 49, 9-10) e a segunda de Isaías 11, 1. Ele aparece numa visão que encerra uma síntese genial da cristologia joanina: *no meio do trono* de Deus, a saber com uma dignidade divina; *um Cordeiro de pé*, isto é, Cristo em todo o seu poder a partir da sua ressurreição (cf. Rm 1, 4); *como que imolado*, por uma morte redentora; *com sete chifres*, com plenitude de poder salvador (cf. Mt 28, 18; Lc 1, 69), e com *sete olhos, que são os sete espíritos de Deus, enviados à terra inteira*, possuindo e dando o Espírito Santo de modo superabundante. Ao Cordeiro é feita a entrega do livro que contém o mistério de toda a História, nos insondáveis desígnios de Deus, e do qual só Cristo tem a chave. Nesse momento desencadeia-se uma verdadeira torrente de aclamações e louvores dos quatro seres vivos, dos vinte e quatro anciãos e da imensa multidão de anjos, que se estende a toda a Criação.

Um solene *amém* dos quatro seres vivos, como vindo dos quatro cantos da terra, encerra estas duas visões preparatórias.

## Visões que antecedem a vitória de Cristo

*A abertura dos primeiros seis selos*

6 Depois vi o Cordeiro abrir o primeiro dos sete
selos e ouvi um dos quatro seres vivos dizer, com
voz de trovão: "Vem". 2 E eis que apareceu um cava-
lo branco e quem o montava tinha um arco; foi-lhe
dada uma coroa e ele partiu com o gesto vitorioso
de quem vai vencer.

3 Quando abriu o segundo selo, ouvi o segundo
ser vivo dizer: "Vem". 4 E surgiu outro cavalo, verme-
lho; quem o montava ficou com o poder de tirar da
terra a paz e fazer com que se matassem uns aos
outros, e foi-lhe entregue uma grande espada.

5 Quando abriu o terceiro selo, ouvi o terceiro ser
vivo dizer: "Vem". Olhei, e eis que apareceu um cavalo
preto montado por alguém que tinha na mão uma
balança. 6 E ouvi uma como voz, no meio dos quatro
seres vivos, que dizia: "Uma medida de trigo por um
denário e três medidas de cevada por um denário;
mas ao azeite e ao vinho não faças mal".

7 Quando abriu o quarto selo, ouvi a voz do quarto
ser vivo que dizia: "Vem". 8 Olhei, e eis que apareceu
um cavalo esverdeado; quem o montava chamava-se
Morte e seguia-o o Hades. Foi-lhe dado poder sobre
a quarta parte da terra, para matar pela espada, pela
fome, pela peste e por meio das feras da terra.

O Cordeiro vai abrindo sucessivamente os selos e decifrando por partes os mistérios do livro, embora logicamente nada possa ser lido nele antes de que rompa todos os sete selos.

Como é evidente, aqui uma lógica narrativa leva vantagem sobre a lógica visual. É deste modo que o autor da obra vai mostrando o denso sentido da História da qual Cristo é o Senhor, ao mesmo tempo que vai deixando ver qual o sentido que têm os males que afligem a humanidade. O sétimo selo introduz as sete trombetas, com que Deus é apresentado a anunciar e a provocar o castigo dos pecados da humanidade.

Neste capítulo 6º, ao serem abertos os primeiros quatro selos, surgem como por encanto quatro cavalos, de cores irreais, com quatro cavaleiros também simbólicos: o primeiro, montado no cavalo branco, parece representar Cristo, para que, desde o princípio das calamidades que surgirão, se veja que Ele irá sair vitorioso no meio de todas as desgraças. Os outros três simbolizam a fome, a guerra e a peste, com as cores correspondentes.

Ao quinto selo corresponde a visão dos mártires; clamam a Deus que se faça justiça (cf. Lc 18, 7), é claro que não por ódio ou por sede de vingança pessoal, a fim de satisfazer o amor próprio, mas para que se restabeleça a ordem e o mal não triunfe.

9 Quando abriu o quinto selo, vi debaixo do altar
as almas dos que haviam sido mortos por causa da
palavra de Deus e do testemunho que tinham dado.
10 E clamaram em alta voz: "Senhor santo e veraz, até
quando esperarás para fazer justiça e vingar o nosso
sangue contra os habitantes da terra?" 11 E foi dada a
cada um deles uma veste branca e foi-lhes dito que
esperassem mais um pouco até se completar o nú-
mero dos seus companheiros e dos seus irmãos que
como eles também estavam para ser mortos.

12 Depois vi o Cordeiro abrir o sexto selo. Deu-se
então um grande terremoto. O sol tornou-se ne-
gro como pano de crina, a lua fez-se toda como de
sangue 13 e as estrelas do céu caíram sobre a terra
como figos verdes que a figueira sacudida por um
vendaval deixa cair. 14 O céu retirou-se, como um
papiro que se enrola, e todos os montes e ilhas se
afastaram dos seus lugares. 15 Os reis da terra, os
magnatas, os tribunos, os ricos e poderosos e to-
dos, escravos e livres, se esconderam nas cavernas
e entre os rochedos das montanhas, 16 dizendo aos
montes e aos rochedos: "Caí sobre nós e escondei-
-nos da face dAquele que está sentado no trono e
da ira do Cordeiro; 17 porque chegou o grande dia
da sua ira, e quem poderá subsistir?"

O sexto selo é o de tremendas convulsões cósmicas, que simbolizam a poderosa intervenção de Deus para punir o mal. Já atrás me referi à ira do Cordeiro. Trata-se de uma forma de dizer que Deus não permanece insensível perante as injustiças e a maldade humana. "A graça não exclui a justiça. Não muda a injustiça em direito. Não é uma esponja que apaga tudo, de modo que tudo quanto se fez na terra termine por ter o mesmo valor. Contra um céu e uma graça deste tipo protestou com razão, por exemplo, Dostoievski no seu romance *Os irmãos Karamazov*: «No fim, no banquete eterno, não se sentarão à mesa indistintamente os malvados junto com as vítimas, como se nada tivesse acontecido»" (Bento XVI, *Spe salvi,* n. 44).

*Visão da multidão dos que foram salvos*

7 Depois disso, vi quatro anjos de pé nos quatro
ângulos da terra, que retinham os quatro ventos
da terra para que não soprasse vento nem sobre a
terra, nem sobre o mar, nem sobre qualquer árvore.
2 Vi ainda um outro anjo que subia do oriente; trazia
o selo do Deus vivo e gritou com voz forte aos quatro
anjos encarregados de fazer mal à terra e ao mar: 3
"Não façais mal nem à terra, nem ao mar, nem às árvo-
res, até termos marcado na fronte os servos do nosso
Deus". 4 E ouvi o número dos que foram marcados:
cento e quarenta e quatro mil, de todas as tribos dos
filhos de Israel.

5 Da tribo de Judá, foram marcados doze mil;
da tribo de Rubem, doze mil; da tribo de Gad, doze
mil; 6 da tribo de Aser, doze mil; da tribo de Neftali,
doze mil; da tribo de Manassés, doze mil; 7 da tribo
de Simeão, doze mil; da tribo de Levi, doze mil; da
tribo de Issacar, doze mil; 8 da tribo de Zabulão, doze
mil; da tribo de José, doze mil; da tribo de Benjamim,
doze mil marcados.

9 A seguir, vi uma multidão imensa que ninguém
podia contar, de todas as nações, tribos, povos e
línguas. Estavam de pé diante do trono e do Cor-
deiro, vestidos com túnicas brancas e de palmas
na mão, e clamavam em alta voz: 10 "A salvação ao

No CAPÍTULO 7º, antes da abertura do sétimo selo, com a explosão da grande conflagração — após a angustiante pergunta: *Quem poderá subsistir?* —, é introduzido um intervalo de alívio e conforto para o leitor, com uma visão intermédia.

Segundo a imagem da tradição bíblica, quatro anjos nos quatro cantos da terra (que se considerava quadrada) seguram os quatro ventos da desgraça, os instrumentos de castigo (cf. Eclo 39, 28). Um quinto anjo tem o encargo de fazer com que sejam poupados os que foram marcados na fronte com um selo ou marca de pertença a Deus (cf. 2 Cr 1, 22: o caráter batismal). São 144.000 os marcados.

E quem são esses? Como já fizemos notar, estamos diante de um número simbólico, em relação com as doze tribos de Israel (12 vezes 12.000), em que falta a de Gad, que pela sua má fama é substituída pela de José (Efraim). Esta enumeração pode fazer pensar nos judeus cristãos que se salvaram da guerra e destruição de Jerusalém no ano 70, e que constituíram o núcleo originário da Igreja, mas há quem pense que se indicam os cristãos em geral, pois a Igreja é o novo Israel de Deus (cf. Gl 6, 16).

No ENTANTO, há uma segunda visão de *uma multidão imensa, que ninguém podia contar, de toda a nação, raça, povo e língua* (v. 9), isto é, todos os que

nosso Deus, sentado no trono, e ao Cordeiro". 11 E
todos os anjos, de pé em redor do trono, dos an-
ciãos e dos seres vivos, se prostraram diante do
trono e adoraram a Deus, 12 dizendo: "Amém. O lou-
vor, a glória, a sabedoria, a ação de graças, a honra,
o poder e a força ao nosso Deus, pelos séculos dos
séculos. Amém".

13 Nesse momento, um dos anciãos tomou a pa-
lavra e perguntou-me: "Esses, que estão vestidos
de branco, quem são e donde vêm?" 14 Respondi-lhe:
"Meu Senhor, tu sabes". Disse-me: "São aqueles que
vêm da grande tribulação; lavaram as suas túnicas
e branquearam-nas no sangue do Cordeiro. 15 Por
isso estão diante do trono de Deus e o servem, dia
e noite, no seu templo; e Aquele que está sentado
no trono estenderá sobre eles a sua tenda. 16 Não
terão mais fome nem sede, nem os abrasará sol ou
calor algum, 17 porque o Cordeiro, que está no meio
do trono, será o seu pastor e os conduzirá às fontes
das águas da vida, e Deus enxugará todas as lágrimas
dos seus olhos".

*Abertura do sétimo selo*

8 Quando o Cordeiro abriu o sétimo selo, fez-se
silêncio no céu por cerca de meia hora. 2 E vi os
sete anjos que estão na presença de Deus, e foram-
-lhes dadas sete trombetas.

foram salvos da grande tribulação e alcançaram a salvação definitiva, redimidos por Cristo. Isto é dito de uma forma extremamente simbólica e paradoxal: *Branquearam as suas túnicas no sangue do Cordeiro;* e estão na glória celeste, que é descrita com a expressiva linguagem figurada de Isaías Is 49, 10 e 25, 8.

No seu comentário, Santo Agostinho diz: "Não se designam só os mártires, mas todo o povo da Igreja, pois não se disse que lavaram as suas túnicas no seu próprio sangue, mas no sangue do Cordeiro, isto é, na graça de Deus, por Jesus Cristo Nosso Senhor, conforme está escrito: «E o seu sangue purifica-nos» (1 Jo 1, 7)".

Com toda a força erguem hinos de vitória e louvor. Esses são os que *podem ficar de pé* diante do trono e do Cordeiro! Essa é a resposta à interpelação do final do capítulo 6º: *Quem poderá subsistir?* O autor, antes de descrever as terríveis provações que se seguem e o combate derradeiro, já deixa entrever uma antecipação da vitória final.

Com a abertura do sétimo selo, dá-se a entrega de sete trombetas aos sete anjos que estão na presença de Deus, assim chamados na tradição judaica, por vezes com a designação de arcanjos. Mas ainda antes, faz-se meia hora de *silêncio* no céu. Com este pormenor, para além da expectativa que se quer criar, fica sugerida a espera paciente do Senhor, que

3 Veio outro anjo e colocou-se junto do altar com
um turíbulo de ouro; deram-lhe muitos perfumes, para
que os oferecesse, com as orações de todos os san-
tos, sobre o altar de ouro que está diante do trono. 4
E das mãos do anjo subiu o perfume dos aromas, com
as orações dos santos, até à presença de Deus.

5 Em seguida, o anjo tomou o turíbulo, encheu-o
com as brasas do altar e lançou-as sobre a terra; e
houve trovões, vozes, relâmpagos e um terremoto. 6
Então os sete anjos, que tinham as sete trombetas,
prepararam-se para tocar.

*Toque das primeiras seis trombetas*

7 Tocou o primeiro, e formou-se granizo e fogo,
misturados com sangue, que foram lançados sobre
a terra: e queimou-se uma terça parte da terra, uma
terça parte das árvores e toda a erva verde.

8 Tocou o segundo anjo, e uma enorme massa,
como uma montanha em chamas, lançou-se no mar;
uma terça parte do mar transformou-se em sangue:
9 uma terça parte das criaturas que viviam no mar
morreu e uma terça parte das embarcações foram
destruídas.

10 Tocou o terceiro anjo, e caiu do céu uma grande
estrela que ardia como uma tocha; caiu sobre a terça
parte dos rios e sobre as fontes. 11 O nome da estrela
era "Absinto", e a terça parte da água se converteu em

parece atrasar-se na sua vinda para fazer justiça (cf. Sf 1, 7). Temos depois a ação simbólica da mistura do incenso com as orações de todos os santos, de modo que o fumo, por meio do anjo, suba até Deus, representando a oração dos fiéis (cf. 5, 8).

É então que o turíbulo cheio de brasas é arremessado à terra, provocando trovões, estampidos, relâmpagos e terremoto, como início dos castigos iminentes. O sentido que toma o turíbulo com brasas — *lançadas sobre a terra* — sugere o contributo da oração dos santos para que Deus faça justiça (cf. 6, 10). A cena deixa ver que os cristãos serão poupados às tremendas calamidades que se vão seguir; por outro lado, enaltece o valor da oração.

O toque das trombetas era um sinal de uma intervenção poderosa de Deus (cf. 1 Ts 4, 15; 1 Cr 15, 52; Mt 24, 31). As pavorosas catástrofes são descritas com certas semelhanças com as pragas do Egito.

Os flagelos das quatro primeiras trombetas atingem sucessivamente de modo direto a natureza inanimada: a vegetação, o mar, as águas dos rios e fontes, e os astros (sol, lua e estrelas). Os danos são maiores que os provocados com a abertura dos selos; então só um quarto sofria prejuízo, agora é um terço, mas a destruição não é total, de modo que se veja que a misericórdia divina modera o castigo,

absinto e muitos homens morreram por causa da água
que se havia tornado amarga.

12 Tocou o quarto anjo, e foi atingida a terça parte
do sol, a terça parte da lua e a terça parte das estre-
las, de maneira que se obscureceram em um terço;
e não houve luz durante um terço do dia, bem como
da noite.

13 Vi ainda e ouvi uma águia, que voava no mais
alto do céu e dizia com voz forte: "Ai, ai, ai dos habi-
tantes da terra quando soarem as outras trombetas
que os três anjos vão tocar".

9 Tocou o quinto anjo, e vi uma estrela que do
céu caiu sobre a terra, e foi-lhe dado a chave
do poço do abismo; 2 abriu-o e do poço evolou-
-se uma fumaça como de grande fornalha e com
ela se obscureceram o sol e o ar. 3 Dessa fumaça
saltaram para a terra gafanhotos, e foi-lhes dado
um poder semelhante ao dos escorpiões da terra.
4 Disseram-lhes que não fizessem mal nem à erva da
terra, nem a nada verde, nem a árvore alguma, mas
só aos homens que não tivessem na fronte o selo
de Deus. 5 Foi-lhes dado o poder, não de os matar,
mas de os atormentar durante cinco meses. O seu
tormento era como a dor que o escorpião provoca
quando pica os homens. 6 Naqueles dias, os homens

evitando uma destruição completa e deixando espaço para a conversão.

Mas o castigo vai progredir em impressionante crescendo. E, antes de soarem as restantes trombetas, é criado um ambiente de suspense e ansiedade com três fortes *ais* de uma águia, a modo de um lamento de horror e comiseração pelo que vai suceder com os toques seguintes, em que serão os próprios homens a serem atingidos diretamente, com consequências ainda mais horrendas.

Não se pode fazer, de modo algum, uma interpretação literal de cada uma das desgraças; assim sendo, a coincidência do nome do astro que contaminou as águas, o Absinto (8, 11), com a sua tradução russa, *Chernobyl*, é meramente casual.

Com o toque da 5ª trombeta, há uma estrela do céu que cai na terra e provoca tão terríveis sofrimentos que *os homens desejarão morrer, mas a morte fugirá deles*. Fizeram-se tentativas para identificar essa estrela; por parecer de caráter pessoal, há quem veja nela uma alusão a Lc 10, 18 e Is 14, 12-15 (Lúcifer).

Num quadro surrealista e dantesco, com figuras deveras extravagantes, descreve-se um flagelo horripilante, de modo a provocar a reflexão do leitor sobre a enormidade do mal e das suas consequências na história humana.

andarão à procura da morte, e não a encontrarão;
desejarão morrer, mas a morte fugirá deles.
7 Os gafanhotos assemelhavam-se a cavalos
ajaezados para a guerra. Tinham nas cabeças uma
espécie de coroas que pareciam de ouro, e as faces
eram como rostos humanos; 8 tinham cabelos que
lembravam cabeleiras de mulher, e os dentes eram
como os de leão. 9 Traziam sobre o peito uma espé-
cie de couraças de ferro, e o ruído das suas asas era
como o estrondo de carros de muitos cavalos cor-
rendo para a guerra. 10 Tinham caudas com ferrão, e
nelas como os escorpiões o poder de fazer mal aos
homens durante cinco meses. 11 Têm por rei o anjo
do abismo, cujo nome, em hebreu, é "Abadon", e, em
grego, "Apolion".

12 O primeiro "ai" já passou; depois dele, vêm mais
dois.

13 Tocou o sexto anjo. E então ouvi uma voz vinda
dos quatro cantos do altar de ouro, que está diante de
Deus, 14 a qual dizia ao sexto anjo que tinha a trombeta:
"Solta os quatro anjos acorrentados junto do grande
rio Eufrates". 15 E foram soltos os quatro anjos que
estavam preparados para a hora, dia, mês e ano em
que matariam a terça parte dos homens. 16 O núme-
ro da tropa desta cavalaria era de duas miríades de
miríades. Eu ouvi o seu número. 17 E assim vi os cava-
los e os cavaleiros da visão: estes tinham couraças

E tamanha potência do mal — um exército de cruéis e monstruosos gafanhotos — não poderá provir só do homem; e Deus também não quer o mal, mas permite que *o anjo do abismo,* em hebraico Abadon, em grego Apolion (causador de perdição), exerça a sua ação maléfica, sem no entanto escapar ao controle da Providência divina, que só o deixa agir por um tempo limitado — *cinco meses* — e não permitirá que maltrate toda a humanidade, mas apenas um terço. Este chefe dos poderes maléficos, anti-humanos, será o mesmo que é designado mais adiante como o enorme Dragão, a Serpente antiga, o Diabo ou Satanás (20, 2).

Com a 6ª trombeta, os flagelos agravam-se, pois a terça parte dos homens serão mortos. Os quatro anjos preparados para matar parecem ser um símbolo de forças naturais correspondentes aos quatro pontos cardeais, que atuam sob o poder divino, o que é indicado por uma data rigorosamente prevista: hora, dia, mês e ano. Como era corrente na literatura apocalíptica extrabíblica da época, os anjos eram os encarregados de executar os castigos divinos. Desta vez, temos um colossal exército de duzentos milhões de cavaleiros (à letra, *duas miríades de miríades,* isto é, vinte mil vezes dez mil, pois em grego como em hebraico não há um numeral para milhão); os seus cavalos têm cabeça de leão e das suas bocas saem baforadas de fogo, fumo e enxofre;

de fogo, cor de jacinto e de enxofre; as cabeças dos
cavalos eram como cabeças de leão, e da boca saía-
-lhes fogo, fumo e enxofre. 18 E uma terça parte dos
homens foi morta por esses três flagelos (fogo, fumo
e enxofre) que lhes saíam da boca, 19 porque o poder
dos cavalos está na boca e também na cauda, pois
as caudas, semelhantes a serpentes, têm cabeça, da
qual se servem para fazer mal.

20 Os outros homens, os que não morreram com
esses flagelos, não se arrependeram das obras das
suas mãos, não deixaram de adorar os demônios,
os ídolos de ouro, de prata, de bronze, de pedra e de
madeira, os quais não podem ver, nem ouvir, nem
andar. 21 Não se arrependeram dos seus homicídios,
nem das suas magias, nem das suas fornicações,
nem dos seus furtos.

as caudas são iguais a serpentes que ferem com as suas cabeças venenosas. As caudas dos gafanhotos da visão anterior feriam como os escorpiões, mas não matavam, como agora o veneno das serpentes. Estas representações apontam para o seu caráter infernal (cf. 12, 14-15; 19, 20; 20, 10); e o numero exorbitante dos cavaleiros, para a enormidade do mal. A referência ao rio Eufrates (v. 14) também é simbólica, pois era desses lados que provinham as antigas invasões de assírios e babilônios e, naquele momento, dos cavaleiros partos.

É de notar como João se lamenta: *Os outros homens* [...] *não se arrependeram das obras das suas mãos...* (v. 20). Deste modo se deixa ver que a última razão desses castigos reside na vontade que Deus tem de que todos se arrependam e se salvem. Esta lição é válida para nós e para sempre. Se nem sempre as catástrofes naturais se podem considerar castigo de Deus, são sempre um aviso e apelo à conversão, como Jesus comentou a propósito dos dezoito homens que tinham morrido sob as ruínas da torre de Siloé: *Pensais que eram mais culpados que todos os homens que viviam em Jerusalém? Não! Eu vo-lo asseguro; mas, se não vos converterdes, todos perecereis igualmente* (Lc 13, 4-5). O drama está em que não tomemos a sério os sinais de Deus, pois então até as calamidades nos podem endurecer o coração, tornando-o impenitente.

*O pequeno livro dado a comer ao vidente*

10 Depois vi outro anjo poderoso que descia do
céu, envolvido numa nuvem e com o arco-
-íris por cima da cabeça; o rosto era como o sol,
as pernas como colunas de fogo, 2 e tinha na mão
um livrinho aberto. Pôs o pé direito sobre o mar e
o esquerdo sobre a terra, 3 e lançou um grito forte
semelhante ao rugido do leão. Depois de ter gritado,
fizeram-se ouvir os sete trovões. 4 Depois disto,
dispunha-me a escrever, mas ouvi uma voz do céu
que me dizia: "Sela o que os sete trovões disseram,
não o escrevas".

5 Então o anjo que eu vira de pé sobre o mar e a
terra levantou a mão direita para o céu 6 e jurou por
Aquele que vive pelos séculos dos séculos, que criou
o céu e quanto nele se contém, a terra e quanto nela
existe e o mar e quanto nele se encerra: "Não have-
rá mais tempo; 7 porque nos dias em que se ouvir o
sétimo anjo tocar a trombeta, ter-se-á consumado o
mistério de Deus, segundo a boa nova que Ele anun-
ciou aos seus servos, os profetas".

8 Então a voz que ouvira do céu falou-me de novo
e disse-me: "Vai e toma o livro aberto da mão do anjo
que está de pé, sobre o mar e a terra". 9 Fui ter com o
anjo e disse-lhe que me desse o livro. Ele disse-me:
"Toma e devora-o; causar-te-á amargor no ventre,

No capítulo 10, é introduzida uma seção com outra visão, que é como um parêntese que leve o leitor a preparar-se para tudo aquilo que de grandioso irá suceder com o toque da última trombeta: o combate final que decidirá a vitória de Cristo sobre as terríveis forças do mal.

A visão traz-nos um *outro anjo,* distinto dos das trombetas, com tais características que alguns, como Santo Alberto Magno, chegaram a identificá-lo com o próprio Cristo glorioso: desce do céu numa nuvem (1, 15-16; cf. Mt 17, 5; 24, 30; 26, 64), o seu rosto brilha como o sol (cf. Mt 17, 2), e tem um pé sobre a terra e outro sobre o mar em sinal de domínio absoluto da natureza, e uma voz potente como o rugido de um leão, à maneira de como é representada a voz de Deus (Sl 29, 3-9; Os 11, 10). No entanto, esta figura parece ser o mesmo *outro anjo* que antes apareceu em 8, 3-5, o qual é costume identificar com o arcanjo São Miguel; mas aqui o anjo é qualificado de forte, o que condiz com Gabriel, em hebraico *força de Deus.* Nos *sete trovões* está simbolizado o mistério indescritível de tudo o que Deus tem nos seus planos, e daí a voz: *Não escrevas.*

Mas esta visão está antes centrada em outro símbolo: *um pequeno livro aberto,* não selado, que aparece com grande aparato dramático e é entregue a João para que o coma. Esta imagem de rico mas na boca será doce como o mel". 10 Tomei então o livrinho da mão do anjo e devorei-o: na minha boca era doce como o mel, mas, depois de o ter engolido, o ventre encheu-se-me de amargor. 11 E disseram-me: "Convém que profetizes de novo a muitos povos, nações, línguas e reis".

*Morte e glorificação das duas testemunhas*

11 Em seguida, foi-me dada uma cana semelhante a uma vara, com estas palavras: "Levanta-te e mede o templo de Deus, o altar e os que ali se encontram em adoração, 2 mas o átrio exterior, não o meças, porque foi dado aos gentios, que calcarão aos pés a cidade santa durante quarenta e dois meses. 3 Eu, porém, farei com que as minhas duas testemunhas, vestidas de saco, profetizem durante mil duzentos e sessenta dias".

4 São elas as duas oliveiras e os dois candelabros que estão diante do Senhor da terra. 5 Se alguém lhes quiser fazer mal, sairá fogo da boca delas e devorará os seus inimigos; sim, se alguém lhes quiser fazer mal, deverá morrer desse modo. 6 Elas podem fechar o céu para que não chova durante os dias da sua profecia; podem também mudar as águas em sangue e ferir a terra com todo o gênero de flagelos, sempre que lhes aprouver.

simbolismo procede de Ezequiel (Ez 2, 8-9; 3, 1-3) e mostra o que é ser profeta: é receber a palavra de Deus, assimilá-la interiorizando-a e depois anunciá-la. Por outro lado, diz-se que é um livro *doce na boca,* mas *amargo no ventre,* pelas amarguras que implica ter de ser profeta; aqui doçura e amargura podem ser uma referência à alegria pelo triunfo da Igreja, com a dureza dos seus sofrimentos, ou então a severidade dos castigos a anunciar. Mais ainda: com a entrega do livro, fica insinuada a inspiração da Escritura Santa, pois nela é Deus que fala através do autor sagrado; é a palavra de Deus escrita entregue à Igreja, que esta tem a missão de guardar e proclamar (cf. *Dei Verbum,* 11).

Os PRIMEIROS 14 versículos do capítulo 11 trazem uma nova visão intermédia. Indicam simbolicamente as grandes tribulações da Igreja, como prelúdio das que sucederão no combate final com as terríveis potências do mal, ao toque da sétima trombeta. Vamos deter-nos um pouco mais na sua explicação, dada a especial dificuldade destes catorze versículos. São versículos de uma grande densidade de pensamento e com um forte colorido judaico; daí a dificuldade de interpretação com grande variedade de opiniões. Há autores que tomam à letra a referência ao *templo de Deus* e à *cidade santa,* entendendo-os

7 Mas quando tiverem acabado de dar o seu tes-
temunho, a Besta que sobe do abismo far-lhes-á
guerra, vencê-las-á e matá-las-á. 8 Os seus cadáve-
res ficarão estendidos na praça da grande cidade,
que, em linguagem figurada, se chama Sodoma ou
Egito, onde também o seu Senhor foi crucificado.
9 Gente de diversos povos, tribos, línguas e nações
olhará para os seus cadáveres, durante três dias e
meio, e não os deixará sepultar. 10 Os habitantes da
terra alegrar-se-ão com isso e trocarão presentes
entre si, porque esses dois profetas tinham atormen-
tado os habitantes da terra.

11 Mas, passados três dias e meio, um sopro de
vida emanado de Deus penetrou neles, e eles puse-
ram-se de pé e os que os viam ficaram tomados de
grande medo.

12 E ouviu-se uma voz forte do céu que lhes dizia:
"Subi até aqui!" E eles subiram ao céu numa nuvem,
à vista dos seus inimigos. 13 Naquela mesma hora,
sobreveio um grande terremoto; a décima parte
da cidade ruiu e morreram no cataclismo sete mil
homens. Os sobreviventes, cheios de medo, deram
glória ao Deus do céu.

14 O segundo "ai" já passou. E eis que se aproxima
o terceiro "ai".

como o Templo e a cidade de Jerusalém; consideram outrossim estas perseguições à Igreja como as provindas de judeus incrédulos, a que já se referiam os Atos dos Apóstolos. Nos nossos dias, é assim que pensa Scott Hahn, um teólogo católico convertido do protestantismo a partir precisamente do estudo do Apocalipse; ele entende o Apocalipse como uma chave para entender a Missa e vice-versa.

Vamos situar-nos em outra linha, mas bastante consensual. Na linguagem utilizada pelo autor sagrado, podemos aperceber-nos das constantes ressonâncias do Antigo Testamento. Consideramos, pois, que o templo de Jerusalém e o seu altar são simplesmente um símbolo da Igreja, tendo em conta que a obra foi escrita quando o Templo já estava completamente arrasado, o que sucedeu no ano 70. A visão manda *medir* o templo de Deus, o altar e os adoradores que lá se encontram, isto é, os cristãos, mas não o pátio exterior do templo, porque foi entregue aos pagãos, assim como *a cidade santa que eles calcarão aos pés durante quarenta e dois meses*. Com a imagem do ato de medir indica-se uma especial proteção de Deus sobre a sua Igreja — a cidade santa —, cujos inimigos, embora hajam de assaltá-la, não prevalecerão contra ela (cf. Mt 16, 18), pois tudo terá lugar num período de *quarenta e dois meses*, um número simbólico que equivale a três anos e meio (cf. Dn 7, 25; 12, 7), que é metade de sete, o número de plenitude, indicando-se assim que a perseguição será passageira. Como diz Santo Agostinho, "a Igreja vai peregrinando entre as perseguições do mundo e as consolações de Deus".

Nessa situação de hostilidade aos cristãos, são apresentadas *duas testemunhas — as duas oliveiras e os dois candelabros que estão diante do Senhor* —, as quais hão de profetizar vestidas de saco (símbolo de penitência), durante mil duzentos e sessenta dias, isto é, mediante um testemunho sem desfalecimento durante os mesmos *quarenta e dois meses* em que a Igreja é perseguida. Quem são essas duas testemunhas?

Embora haja uma alusão a figuras reais tanto do Antigo como do Novo Testamento, consideramos que são meramente simbólicas, representando *o testemunho da Igreja* dado por todos os seus filhos, não apenas por aqueles que estão investidos em autoridade. Com a figura das oliveiras e dos candelabros, acrescentam-se à sua condição profética a dignidade régia e a sacerdotal (numa alusão a Zorobabel, da linhagem do rei Davi, e a Josué, sumo sacerdote: cf. Zc 4, 3.11-14).

Então, perguntamos ainda: se estamos diante de um símbolo, por quê o número de dois para as testemunhas? Também dois é simbólico, pois era o mínimo exigido pela lei judaica para a validade de um testemunho (Dt 19, 15). Pode-se ver figurado este testemunho nas pessoas de São Pedro e São Paulo, martirizados em Roma; ou também em Elias e Moisés (cf. Mt 17, 3 par), pois se diz que podem mandar fogo do céu sobre os inimigos (Nm 16, 35; 2 Rs 1, 10-12), e têm o poder de impedir que chova (cf. 1 Rs 17, 1-3; 18, 1) e de converter a água em sangue (cf. Ex 7, 14-16). Deste modo se enaltecem as testemunhas com o poder sobrenatural próprio dos grandes profetas. E a morte não virá sem que tenham podido dar o seu testemunho.

Com a morte dos cristãos às mãos das forças do mal — designadas pela primeira vez como a *Besta* (v. 7) —, parece tudo perdido: *A Besta que sobe do abismo far-lhes-á guerra, vencê-las-á e matá-las-á. Os seus cadáveres ficarão estendidos na praça da grande cidade, que, em linguagem figurada, se chama Sodoma ou Egito, onde também o seu Senhor foi crucificado* (vv. 7b-8). De tal maneira humilhados, a ponto de não se lhes poder dar piedosa sepultura, os inimigos alegram-se e festejam a sua vitória. Talvez se possa ver aqui sugerida a sorte de cristãos presos e enviados a Roma para serem lançados às feras...

Mas essa vitória não é mais que aparente, pois tamanha humilhação dos cristãos durará apenas *três dias e meio* (v. 9), metade de sete, símbolo do efêmero, em contraste com a duração do testemunho das testemunhas: *mil duzentos e sessenta dias* (v. 3). O seu destino é a glória do céu donde Deus os chama: *Subi até aqui!* (v. 12). Esta expressão do Apocalipse faz-nos lembrar a voz interior que Santo Inácio de Antioquia ouviu quando ia a caminho de Roma para ser lançado às feras, passando preso por essa região da Ásia Menor.

A glorificação das testemunhas da fé também é dita numa linguagem simbólica — *um sopro de vida* (v. 11) —, assemelhando-a à Ressurreição e Ascensão de Cristo ao céu pela ação do Espírito Santo; na linguagem usada também se notam ressonâncias bíblicas (cf. Ez 37, 1-14; 2 Rs 2, 11; Gn 5, 24). Em suma, ao dar testemunho de Cristo, a Igreja segue a mesma trajetória do seu Senhor: *per crucem ad lucem.*

Tudo terminará na confusão dos perseguidores simbolizada no *terremoto* e na perdição de *sete mil*, isto é, de uma enorme multidão, dos que não se arrependeram dando *glória ao Deus do céu* (v. 13). Que os leitores se encham de ânimo e de esperança: *o segundo ai já passou* (v. 14).

Mas fica-nos ainda a pergunta: qual é a grande cidade aqui referida? Não se lhe diz o nome, mas, numa interpretação literal, teríamos de dizer que se trata de Jerusalém, pois foi aqui que Jesus foi crucificado, uma cidade que Isaías 1, 10 qualifica de *Sodoma*. Partilhamos a opinião dos que entendem esta *grande cidade* em sentido figurado, como sendo a cidade de Roma, *a cidade das sete colinas* (17, 9), pois ali esteve a origem da grande perseguição e por isso também lhe quadra bem o epíteto dado à cidade *onde também o seu Senhor foi crucificado: Sodoma ou Egito* (v. 8). As perseguições movidas pelas autoridades judaicas em Jerusalém não se consideram muito significativas, e por isso, quando se diz que *o segundo ai já passou*, se queremos tomar essa expressão à letra, poderíamos referi-lo à terrível perseguição de Nero, como coisa já do passado (ano 64).

# II – VISÕES PROFÉTICAS DA HISTÓRIA

## B) VITÓRIA DE CRISTO SOBRE AS FORÇAS DO MAL E GLORIFICAÇÃO DA IGREJA

## Apresentação das forças antagônicas

*O toque da sétima trombeta*

15 Tocou o sétimo anjo, e ouviram-se muitas vo-
zes no céu, que diziam: "O reino do mundo passou a
ser de Nosso Senhor e do seu Cristo, e Ele reinará
pelos séculos dos séculos". 16 E os vinte e quatro an-
ciãos, que estão sentados nos seus tronos diante de
Deus, prostraram-se e adoraram a Deus, 17 dizendo:
"Graças te damos, Senhor, Deus Onipotente, a Ti que
és e que eras, porque assumiste o teu grande poder
e começaste a reinar. 18 As nações irritaram-se; mas
chegou a tua ira, bem como o momento de os mor-
tos serem julgados, de dar a recompensa aos teus
servos os profetas, aos santos, aos que temem o
teu nome, pequenos e grandes, e o de exterminar
os que arruinaram a terra".

19 Abriu-se então o templo de Deus no céu, e nele
apareceu a arca da sua aliança; e sobrevieram relâm-
pagos, vozes, trovões, um terremoto e uma grande
saraivada.

O toque da sétima trombeta introduz-nos num outro conjunto de visões, em que o choque entre as forças do bem e do mal atinge o paroxismo, terminando no triunfo de Cristo. Neste conjunto, podemos distinguir três seções. Uma primeira em que se apresentam com especial relevo os contendores: primeiro, os chamados *dois sinais,* a Mulher e o Dragão (cap. 12); e depois as duas Bestas e o Cordeiro (caps. 13 e 14). A seção é introduzida com um prenúncio de vitória final (11, 15-19) e concluída com o *terceiro sinal,* o das sete taças da ira de Deus (caps. 15 e 16).

Uma segunda seção, a da sétima taça, é o início do desenlace final, com a ruína completa das forças do mal, simbolizadas pela grande prostituta, a grande cidade, Babilônia (o nome cifrado de Roma), e com a derrota definitiva do Dragão, Satanás (caps. 17 a 20).

A terceira seção (caps. 21 e 22) apresenta-nos a visão do novo céu e da nova terra, com a Esposa do Cordeiro vitorioso e a Jerusalém descida do céu.

A primeira seção começa com o último toque da trombeta, que já não desencadeia desgraças, como as anteriores, mas aclamações que, desde o começo do enfrentamento, dão ao leitor a certeza de quem vai vencer: *O reino do mundo passou a ser de Nosso Senhor e do seu Cristo, e Ele reinará pelos*

*Os sinais da Mulher e do Dragão perseguidor*

12 Apareceu no céu um grandioso sinal: uma Mu-
lher revestida de sol, com a lua debaixo dos
pés, e, na cabeça, uma coroa de doze estrelas; 2 es-
tava grávida e gritava com as dores e os trabalhos
do parto.
3 Viu-se em seguida no céu outro sinal: um enor-
me Dragão vermelho com sete cabeças, dez chifres
e, nas cabeças, sete diademas. Com a cauda varreu
a terça parte das estrelas do céu e fê-las cair sobre
a terra. Esse Dragão postou-se diante da Mulher que
estava para dar à luz, com a intenção de lhe devorar
o filho logo à nascença. 5 A Mulher deu à luz um filho
varão, que há de governar todas as nações com ce-
tro de ferro; mas o filho foi arrebatado para junto de
Deus e do seu trono.

*séculos dos séculos* (v. 15). É dada como já presente a plenitude do reinado de Cristo, o que era um motivo de ânimo para os leitores, que rezariam como nós ainda hoje: *Venha a nós o vosso reino*. A Igreja, como ensina o Concílio Vaticano II, "constitui o germe e o princípio deste mesmo Reino na terra. Enquanto vai crescendo, suspira pela consumação do Reino e espera e deseja juntar-se ao seu Rei na glória" (LG, 5) A visão da *arca da aliança* no céu é o sinal de que chegou mesmo o reino do Messias, de acordo com a tradição judaica de que na consumação dos tempos se daria o aparecimento da arca desaparecida com a queda do reino de Judá (cf. 2 Mac 2, 5-8). A grandeza desta revelação é realçada com os símbolos correspondentes à teofania do Sinai: relâmpagos, trovões, tremor de terra e granizo, que, como alguém disse, são por assim dizer umas salvas solenes com que a artilharia celeste acolhe a intervenção decisiva de Deus.

O CAPÍTULO 12 apresenta-nos três combates do Dragão infernal: contra o filho que nasce da Mulher (vv. 1-6), contra Miguel e os seus anjos (vv. 7-12), contra a Mulher e o resto da sua descendência (vv. 13-17). Como estamos no campo da simbologia, facilmente se compreende que não se trata de três

6 E a Mulher fugiu para o deserto, onde Deus lhe
havia preparado um lugar, a fim de ali a alimentarem
durante mil duzentos e sessenta dias.
7 Nesse momento, rebentou uma guerra no céu:
Miguel e os seus anjos combatiam contra o Dragão;
e este e os seus anjos pelejavam também. 8 Mas não
prevaleceram e não houve lugar para eles no céu. 9
Foi precipitado o grande Dragão, a serpente antiga,
chamada Diabo e Satanás, o sedutor do mundo in-
teiro; foi precipitado sobre a terra e os seus anjos
com ele.

combates sucessivos, mas de uma mesma ação apresentada em diversos cenários e variadas perspectivas.

Antes de mais, convém identificar as personagens em questão. A *Mulher* é apresentada como uma figura celeste e gloriosa, mas em dores de parto. *Ela deu à luz um filho varão, que há de governar todas as nações com cetro de ferro* (v. 5; cf. Sl 2, 9). Daqui se deduz que o seu filho é Jesus. À primeira vista, a mãe parece ser a Virgem Maria, mas, no conjunto do capítulo, a Mulher parece ser um símbolo, antes de mais, do povo de Deus, donde nasceu o Messias. Se as doze estrelas da sua coroa representam as doze tribos de Israel, então seria o povo de Israel (cf. Gn 3, 15); se considerarmos, porém, essas estrelas como os doze Apóstolos, então temos a Igreja, o que está mais de acordo com o resto que é dito. Assim entenderam o texto a generalidade dos Padres da Igreja, partindo do fato de que a Igreja também gera Cristo nos cristãos, segundo o que diz São Paulo (Gl 4, 19; cf. Ef 4, 13). Ao dizer que *o filho foi arrebatado para junto de Deus e do seu trono* (v. 5), alude-se à Ascensão, mistério que no Novo Testamento é designado com um verbo grego do mesmo campo semântico e com o mesmo sentido de *ser arrebatado* (cf. Mc 16, 19; Lc 9, 51; At 1, 2.11.22; 1 Tm 3, 16).

E, ao dizer que *a Mulher fugiu para o deserto* [...] *a fim de ali a alimentarem durante mil duzentos*

10 E ouvi no céu uma voz forte que dizia: "Chega-
ram agora a salvação, o poder e o reinado do nosso
Deus e o domínio do seu Cristo, porque foi preci-
pitado o acusador dos nossos irmãos, aquele que
os acusava dia e noite diante do nosso Deus. 11 Eles
venceram-no graças ao sangue do Cordeiro e ao tes-
temunho que deram: desprezaram a própria vida até
aceitarem a morte. 12 Por isso alegrai-vos, céus e os
que neles habitais. Ai de vós, terra e mar, porque o
Diabo desceu até vós com grande ira, sabendo que
lhe resta pouco tempo".

*e sessenta dias* (v. 6 e v. 14) — numa alusão à saída de Israel para escapar à perseguição do Faraó, refugiando-se no deserto, defendida e alimentada por Deus —, também pode aludir à Igreja peregrina, que Deus defende dos perseguidores e alimenta com o maná da Eucaristia (cf. Ex 16, 1-36; 17, 8-16; Jo 6, 58). E esse tempo de deserto também é passageiro, como já vimos antes, em 11, 2, contando então quarenta e dois meses, mas agora expresso em dias, o que igualmente corresponde em anos ao número três e meio, metade de sete, símbolo de um tempo limitado, que pode ser o tempo da Igreja até à segunda vinda de Cristo. Então virá a libertação definitiva, o fim da peregrinação pelo deserto.

No entanto, a Liturgia faz uma aplicação deste texto à Virgem Maria, concretamente na solenidade da Assunção. Pergunta-se: não passará isso de mera acomodação de um texto que tem outro sentido literal? Assim pensa toda a exegese protestante. Parece-nos, de acordo com estudiosos católicos credíveis, que não é de excluir um sentido bíblico mariológico, se tivermos em conta que a Mãe de Jesus no Evangelho de São João é sempre chamada *Mulher,* sem mais (Jo 2, 4; 19, 26). Podemos pensar com alguns autores que a Mulher, embora simbolize, num primeiro plano, a Igreja, tendo em conta as relações tão estreitas entre a Igreja e Maria — "membro eminente

13 Ao ver-se precipitado sobre a terra, o Dragão
lançou-se a perseguir a Mulher que dera à luz o filho
varão. 14 Mas foram dadas à Mulher duas asas de gran-
de águia, a fim de voar para o deserto, até ao lugar
onde, longe da serpente, é alimentada durante um
tempo, dois tempos e meio tempo. 15 Então a ser-
pente expeliu um como rio de água atrás da Mulher,
para que a corrente a levasse.

16 Mas a terra foi em socorro da Mulher: abriu a
boca e engoliu o rio que o Dragão lançara pela boca.
17 E o Dragão enfureceu-se contra a Mulher e foi fazer
guerra aos seus outros filhos, os que observam os
mandamentos de Deus e mantêm o testemunho de
Jesus. 18 E ele postou-se sobre a areia do mar.

e único da Igreja, seu tipo e exemplar perfeitíssimo na fé e na caridade..., sua Mãe amorosíssima" (LG, 53) —, é legítimo englobar a Virgem Maria nesta imagem da Mulher do Apocalipse. Sendo a Virgem Maria Mãe da Igreja, podemos ver que, no símbolo da Mulher do Apocalipse, como que se fundem e entrelaçam Maria e a Igreja, ou, como diz E. Bettencourt: "A maternidade de Maria continua na da Santa Mãe Igreja".

A personagem do *enorme Dragão* é identificada, no versículo 9, com *a serpente antiga* do Gênesis (Gn 3, 1ss), a saber, *o Diabo e Satanás;* a sua *cor vermelha* simboliza guerra e ódio de morte; *as sete cabeças e dez chifres,* grande poder enormemente destrutivo, pois com a *cauda arrastava um terço das estrelas do céu, que lançou sobre a terra.* Por trás desta figuração estão sobretudo as visões de Daniel (Dn 7, 7; 8, 10), e não faz sentido aqui dar valor ao pormenor do que é mesmo difícil de imaginar, por exemplo, como se distribuem os dez chifres pelas sete cabeças do Dragão. *Mi-ka-El* (em hebraico: Quem como Deus) intervém em Daniel (Dn 10, 13; 12, 1) como o defensor do povo de Israel, e é apresentado aqui como defensor da Igreja, que ainda hoje continua a invocá-lo na festa de 29 de setembro, como "invencível príncipe da milícia celeste" para que "nos defenda no combate contra Satanás e os seus anjos".

A partir deste texto associado a outros (Lc 10, 18; Jds 6; 2 Pd 2, 4; Is 14, 12-14), os Santos Padres interpretaram esta passagem como referida à queda dos anjos no início da criação, tendo em conta tradições judaicas que falam de uma luta no céu, tendo à frente dos anjos fiéis Miguel, com o seu grito *serviam!* (servirei), em oposição ao *non serviam!* (não servirei) de Lúcifer (cf. Jr 2, 20).

Vencidos no céu, o Dragão e os seus anjos foram lançados à terra. No céu festeja-se a vitória, mas na terra prossegue o ataque do maligno; este, sabendo que não pode fazer mal ao Filho da Mulher, arrebatado ao céu (v. 5), vira-se a perseguir a Mulher, aqui claramente a Igreja, que é providencialmente protegida, o que é dito numa linguagem bíblica figurada (vv. 14--16). Mas, sem poder destruir a sua estrutura essencial (cf. Mt 16, 18), vinga-se nos cristãos: *os que observam os mandamentos de Deus e mantêm o testemunho de Jesus.* Satanás, *sabendo que lhe resta pouco tempo* (v. 12), ataca cada vez com mais refinado furor e astúcia. Daí a advertência do Concílio Vaticano II: "Para o cristão, é uma necessidade e um dever lutar contra o mal através de muitas tribulações, e até sofrer a morte; mas, associado ao mistério pascal, e configurado com a morte de Cristo, vai ao encontro da ressurreição, fortalecido pela esperança" (GS, 22).

Apraz-nos registrar aqui o comentário a esta passagem do Apocalipse, que fez o Papa Bento XVI na sua homilia da solenidade da Assunção em 2007. Atualizando o ensinamento do Apocalipse, referiu-se à "manifestação impressionante e inquietante de um poder sem graça, sem amor, do egoísmo absoluto, do terror, da violência. Este poder parecia ilimitado; o poder militar, político, propagandístico do Império Romano era tal que, diante dele, a Igreja dava a impressão de ser uma mulher indefesa, sem possibilidade de sobreviver, e muito menos de vencer. E, contudo, sabemos que no final venceu a mulher indefesa; nem o egoísmo nem o ódio venceram: venceu o amor de Deus, e o Império Romano abriu-se à fé cristã. As palavras da Sagrada Escritura transcendem sempre o momento histórico. Este Dragão não só faz referência ao poder anticristão dos perseguidores da Igreja daquele tempo, mas às ditaduras materialistas anticristãs de todas as épocas.

"Também hoje existe o dragão, de maneiras novas, diferentes. Existe na forma das ideologias materialistas que nos dizem: é absurdo pensar em Deus; é absurdo cumprir os mandamentos de Deus; é algo do passado. A única coisa que vale a pena é viver a vida, é tirar deste breve momento da vida tudo o que pode dar. Só vale o consumo, o egoísmo, a diversão. Esta é a vida. É assim que temos de viver. E novamente parece absurdo, impossível, opor-se a esta mentalidade dominante, com toda a sua força mediática, propagandística. Hoje parece impossível continuar a pensar em um Deus que criou o homem e que se fez criança e que é o autêntico dominador do mundo. Também agora esse dragão parece invencível, mas também agora continua a ser verdade que Deus é mais forte que o dragão, que quem vence é o amor e não o egoísmo [...]".

E o Papa prossegue: "Vejamos agora a outra imagem: a Mulher vestida de sol, com a lua sob os seus pés, rodeada de doze estrelas. [...]

"Um primeiro significado, sem dúvida, é a Virgem Maria [...]. Mas esta mulher que sofre, que tem de fugir, que dá à luz com um grito de dor, é também a Igreja, a Igreja peregrina de todos os tempos. Em todas as gerações tem de voltar a dar à luz Cristo, levá-lo com grande dor a este mundo que sofre. Em todos os tempos é perseguida, vive quase no deserto perseguida pelo dragão. Mas, em todos os tempos, a Igreja, Povo de Deus, vive também da luz de Deus e é alimentada, como diz o Evangelho, por Deus, alimentada com o pão da santa Eucaristia.

"Deste modo, em toda a tribulação, em todas as diferentes situações através dos tempos, nas diferentes partes do mundo, a Igreja vence sofrendo. E é a presença, a garantia do amor de Deus contra todas as ideologias do ódio e do egoísmo.

*A visão da Besta do mar e da Besta da terra*

13 Vi depois subir do mar uma Besta com dez chi-
fres e dez cabeças, e dez diademas nos chifres
e nomes blasfemos nas cabeças.
2 A Besta que vi era semelhante a uma pantera,
com patas como de urso e boca como de leão. O Dra-
gão deu-lhe a sua força, o seu trono e grande poder. 3
Uma das cabeças parecia ferida de morte, mas essa
ferida mortal foi curada. Admirado, o mundo inteiro
foi atrás da Besta. 4 Adoraram o Dragão, porque dera
o poder à Besta, e adoraram a Besta dizendo: "Quem
há como a Besta? Quem pode lutar contra ela? 5 Foi-
-lhe dada a faculdade de proferir palavras arrogantes
e blasfêmias, e recebeu igualmente o poder de agir
durante quarenta e dois meses. 6 Pôs-se então a pro-
ferir blasfêmias contra Deus, a injuriar o seu nome, o

"Também hoje vemos certamente que o dragão quer devorar o Deus feito criança. Não tenhais medo por este Deus aparentemente frágil. A luta já foi superada. Também hoje este Deus frágil é forte: é a verdadeira força".

Esta é a visão apresentada no capítulo 13. O Dragão infernal não desiste da sua obra destruidora da fé cristã. Para isso, serve-se de poderosos instrumentos ao seu serviço, aqui simbolizados por duas bestas. Alguns traduzem a palavra grega *theríon* por *fera* e outros por *monstro,* mas não vemos razão para abandonar a designação tradicional em português. As duas são descritas com traços dos grandes perseguidores do povo de Israel, segundo as imagens sobretudo do livro de Daniel, e à maneira do Dragão. Ambas simbolizam basicamente o mesmo inimigo dos cristãos, o Império Romano, mas visto de dois ângulos e de duas perspectivas diferentes.

Os comentadores consideram que a primeira Besta é chamada *do mar* porque o vidente de Patmos, ao olhar na direção de Roma, o que vê é o mar. Simboliza o *grande poder* político cruel e assanhado, a ponto de usurpar nomes divinos, de proferir *blasfêmias,* numa alusão aos títulos próprios de Deus que os imperadores romanos se davam a si, como consta de inscrições e moedas: *deus, divino, senhor, augusto...*

seu tabernáculo e os habitantes do céu. 7 Foi-lhe con-
cedido também fazer guerra aos santos e vencê-los;
foi-lhe dado poder sobre toda a tribo, povo, língua e
nação. 8 E adoraram-na todos os habitantes da ter-
ra que não têm o nome inscrito, desde a criação do
mundo, no livro da vida do Cordeiro imolado. 9 Quem
tem ouvidos ouça. 10 Quem for destinado ao cativeiro,
irá para o cativeiro; se alguém for destinado a morrer
à espada, deve ser morto à espada. Esta é a ocasião
para a constância e a fé dos santos.

11 Em seguida vi subir da terra outra Besta; ti-
nha dois chifres semelhantes aos de um cordeiro,
mas falava como um dragão. 12 Exercia todo o poder
da primeira Besta na sua presença; levava a terra
e os seus habitantes a adorarem a primeira Besta
cuja ferida mortal fora curada. 13 Realizava grandes
prodígios: até o de fazer descer fogo do céu sobre

O aplauso que lhe é dirigido: *Quem como a Besta?* parece ser uma farsa das exclamações de louvor a Deus frequentes no Antigo Testamento, sobretudo nos Salmos (cf. Ex 15, 11; Is 40, 25 etc.), e uma réplica ao nome hebraico de Miguel, que como já vimos quer dizer: *Quem como Deus?*

A *ferida mortal que foi curada* a uma das cabeças da Besta pode aludir a uma crise do Império ou, melhor ainda, à lenda do Nero *redux* ou *redivivus*, que não se teria suicidado, mas escondido, até que apareceu na pessoa de Domiciano a fim de perseguir os cristãos ainda com mais violência: Deus permitiu à Besta *fazer guerra aos santos e vencê-los* (v. 7). E os sofrimentos por que os fiéis têm de passar — *o cativeiro, a espada* — põem à prova *a constância e a fé dos santos*, os cristãos (v. 10). Mas essa situação dramática não é para durar sempre: são *quarenta e dois meses* (v. 5), isto é, três anos e meio, não contados como tempo real, mas simbólico, como já vimos.

A Besta da *terra* é assim chamada porque vê terra ao olhar de Patmos para a península da Anatólia, onde se situam as igrejas do Apocalipse, sujeitas a sérias ameaças. Esta Besta é representada com menos poder e inferior à primeira, agindo como sua representante: *na presença dela* (v. 12). Tinha as mesmas intenções infernais do Dragão: *falava*

a terra à vista dos homens. 14 Com os prodígios que
lhe foi permitido realizar diante da Besta, seduzia
os habitantes da terra, dizendo-lhes que fizessem
uma imagem em honra da Besta que sobreviveu à
ferida da espada. 15 Foi-lhe até concedido dar vida
à imagem da Besta, de modo que essa imagem fa-
lasse e fizesse com que morressem quantos não a
adorassem. 16 Levava todos, pequenos e grandes,
ricos e pobres, livres e escravos, a fazerem-se mar-
car na mão direita ou na fronte, 17 de tal maneira que
ninguém pudesse comprar ou vender senão aquele
que tivesse a marca, o nome da Besta ou o número
do seu nome. 18 Aqui está a sabedoria. Quem tiver
inteligência calcule o número da Besta; é número
de homem: o seu número é 666.

*como um dragão* (v. 11). O seu objetivo era promover o culto da outra Besta, numa provável alusão ao culto imperial que, vindo de Roma, se difundiu na Ásia Menor. Mais adiante, é identificada com o *falso profeta* (16, 13; 19, 20), pelo poder de seduzir e enganar, e representada com poderes como os de Elias, que faz descer fogo do céu (cf. 1 Rs 18, 38).

Ao ser apresentada à semelhança de um *cordeiro,* e forçando a *adorar a primeira Besta,* fica sugerida na idolatria um sistema religioso em oposição aberta ao cristianismo. Esta Besta é ícone de um poder que rejeita Cristo e a sua Igreja, impondo falsos cultos e uma ideologia com sucedâneos das mais variadas formas ao longo dos tempos: sincretismo religioso, laicismo, relativismo, ateísmo militante e sectário, materialismo dialético e prático, com as más consequências que acarreta. "Ao substituir a adoração do Deus vivo pelo culto da criatura, falseiam-se as relações entre os homens e dá-se origem a diversas formas de opressão" (Congr. Doutrina da Fé, *Libertatis conscientia,* n. 39).

O autor deixa ao engenho do leitor *o nome* correspondente ao *número* da Besta: *é um número de homem* (v. 18), isto é, de uma pessoa concreta. Já atrás ficou explicado como pode aplicar-se ao imperador Domiciano. O seu nome é dado em código, por uma razão de segurança, não fosse o livro cair em mãos que pudessem exercer represálias.

*Visão do Cordeiro com os seus seguidores*

14 Vi mais: o Cordeiro estava de pé sobre o monte
de Sião, e, com ele, cento e quarenta e quatro
mil pessoas, que tinham escrito na fronte o seu nome
e o nome de seu Pai. 2 E ouvi, vindo do céu, um rumor
como o marulhar de águas caudalosas ou o ribom-
bar de um forte trovão: essa voz era como de músi-
cos que tangessem as suas harpas. 3 Executavam
um cântico novo diante do trono e na presença dos
quatro seres vivos e dos anciãos. E ninguém podia
aprender o cântico, a não ser os cento e quarenta
e quatro mil que tinham sido resgatados da terra. 4
São aqueles que não se macularam com mulheres,
pois são virgens. Seguem o Cordeiro para onde quer
que Ele vá. Foram resgatados dentre os homens co-
mo primícias para Deus e para o Cordeiro. 5 Jamais
se encontrou mentira na sua boca: são imaculados.

Nos primeiros cinco versículos do capítulo 14, em contraste com a visão da Besta e dos que se deixaram seduzir por ela, marcados com o ferrete do seu número (13, 16), aparece agora no monte Sião, símbolo da Igreja (Gl 4, 26; Heb 12, 22-24), *o Cordeiro de pé,* Cristo ressuscitado, com uma multidão de *cento e quarenta e quatro mil.* São os cristãos, assim referidos com este número simbólico, um número incalculável, mas do conhecimento exato de Deus, pois não é multidão sem mais, massificada, mas um conjunto em que cada um está marcado com um sinal na fronte, como pertencente a Jesus e ao Pai (cf. Ef 1, 13). Na visão, parece que estamos diante de pessoas diferentes das nomeadas em 7, 4; com efeito, apesar de ser a mesma cifra, não podemos esquecer que é simbólica, o que permite um sentido ambivalente.

Acompanha a visão do Cordeiro com os seus uma espetacular aclamação cheia de grandiosidade e beleza. Entoa-se *um cântico novo,* do qual só podem participar *aqueles que não se macularam com mulheres, pois são virgens; seguem o Cordeiro para onde quer que Ele vá* [...], *primícias para Deus e para o Cordeiro.* Habitualmente, entende-se esta expressão como referida aos cristãos, em sentido metafórico, por não participarem da idolatria, considerada na Sagrada Escritura como adultério e prostituição. Por outro lado, todos os fiéis, pela sua estreita união com Cristo,

*Visão antecipada do Juízo e da vitória final*

6 Vi depois outro anjo que voava no mais alto do
céu, segurando um evangelho eterno para anunciá-lo
aos moradores da terra, a toda a nação, tribo, língua e
povo. 7 Dizia em alta voz: "Temei a Deus e dai-lhe glória,
porque chegou a hora do seu juízo; adorai Aque-le que
fez o céu, a terra, o mar e as fontes".

8 Um segundo anjo seguiu-o clamando: "Caiu,
caiu a grande Babilônia, aquela que deu a beber a
todas as nações do vinho da sua ardente impureza".

9 Um terceiro anjo seguiu-os, dizendo em alta
voz: "Quem adorar a Besta e a sua imagem, e receber
a marca na fronte ou na mão, 10 beberá do vinho da ira
divina, infundido sem mistura na taça da ira de Deus,
e será atormentado com fogo e enxofre na presença
dos santos anjos e diante do Cordeiro. 11 E o fumo do
seu tormento elevar-se-á pelos séculos dos séculos,
sem que, nem de dia nem de noite, tenham descanso,
esses que adoram a Besta e a sua imagem e os que
recebem a marca do seu nome".

12 Aqui se manifesta a constância dos santos,
dos que guardam os preceitos de Deus e a fé em
Jesus. 13 Ouvi depois, vinda do céu, uma voz que
dizia: "Escreve: Felizes os mortos que, a partir de
agora, morrem no Senhor. Sim, diz o Espírito, que

o Esposo, são também comparados a uma virgem casta (cf. 2 Cor 11, 2). No entanto, preferimos, com São Jerônimo e Santo Agostinho, tomar a expressão *virgens* no sentido próprio, sem excluir uma alusão ao sentido figurado, mas num segundo plano.

Com efeito, o contexto é de um seguimento radical de Cristo — *para onde quer que Ele vá* (v. 4) — e esse grupo é considerado *primícias*, o que sugere um escol de pessoas de ambos os sexos com vocação de entrega total no celibato apostólico, qualquer que seja o seu estatuto na Igreja. Não se diga que com esta interpretação se daria lugar à consideração da união legítima do homem com a mulher no casamento como *uma mácula*, ou algo indigno, pois a linguagem aqui usada deve ser considerada como a de *impureza legal* do Antigo Testamento, que nada tem que ver com imperfeição ou impureza moral.

Segue-se a visão dos três anjos, introduzindo o julgamento que Cristo há de vir a fazer. O primeiro (vv. 6-7) dirige um apelo ao temor e à adoração de Deus, classificando a sua mensagem como *anunciar um evangelho eterno* (é a única vez que, em todos os escritos joaninos, aparece a palavra *evangelho*); o segundo anjo faz o primeiro anúncio da queda da Babilônia (Roma), que se descreverá adiante (cap. 18); o terceiro proclama o terrível fim que vai cair sobre

descansem dos seus trabalhos, porque as suas
obras os acompanham".
14 Vi mais: vi uma nuvem branca e, sentado nela,
um como Filho de homem, com uma coroa de ouro
na cabeça e uma foice afiada na mão.
15 A seguir, saiu outro anjo do templo e gritou
com voz forte Àquele que estava sentado na nuvem:
"Lança a tua foice e ceifa, pois chegou a hora da ceifa,
já que a seara da terra está madura". 16 Então Aquele
que estava sentado sobre a nuvem lançou a foice à
terra e a terra foi ceifada.
17 Do templo do céu saiu outro anjo, também ele
com uma foice afiada. 18 Depois, do altar, saiu outro
anjo, que tinha poder sobre o fogo, e gritou com voz
forte para o que tinha a foice afiada, dizendo: "Lan-
ça a tua foice afiada e vindima os cachos da vinha
da terra, porque as uvas estão maduras". 19 O anjo
meteu a foice e vindimou a vinha da terra, lançando
as uvas no grande lagar da ira de Deus. 20 O lagar foi
pisado fora da cidade, e do lagar correu sangue, até
chegar ao freio dos cavalos, numa distância de mil
e seiscentos estádios.

os adoradores da Besta e da sua imagem, uma morte trágica, em contraste com a morte dos *santos, os que guardam os preceitos de Deus e a fé em Jesus* [...]. *Felizes os mortos que, a partir de agora, morrem no Senhor. Sim, diz o Espírito, que descansem dos seus trabalhos, porque as suas obras os acompanham* (vv. 12-13).

Os versículos finais deste capítulo 14 parecem ser um anúncio antecipado do Juízo final (20, 11-15).

Há uma visão de um ser sentado sobre uma nuvem, semelhante a um homem (à letra, *Filho de homem*), que evoca a passagem messiânica de Daniel 7, 13, dando assim a entender que este é Jesus, na sua função de Juiz, representado com uma foice afiada na mão. Um outro anjo lhe diz para ceifar a seara, já madura. E aparece mais um anjo com outra foice, que às ordens de outro anjo procede à vindima dos cachos da vinha da terra, para serem pisados no grande lagar da ira de Deus.

Esta visão da *ceifa* e da *vindima* é como uma espécie de paráfrase à passagem do profeta Joel, que fala do julgamento das nações no Vale de Josafat (Jl 4, 12-13). Há autores que pensam que a imagem da ceifa se refere ao julgamento dos bons, e a da vindima ao dos maus.

*Visão dos sete anjos com as sete taças da ira de Deus*

15 Vi no céu outro sinal grandioso e admirável:
sete anjos que tinham sete flagelos, os últi-
mos, porque com eles se deve consumar a ira de
Deus.
2 Vi também uma espécie de mar de vidro mis-
turado com fogo, e os vencedores da Besta, da sua
imagem e do número do seu nome, de pé, junto desse
mar de vidro, com as harpas de Deus. 3 Executam o
cântico de Moisés, o servo de Deus, e o cântico do
Cordeiro, dizendo:
"Grandiosas e admiráveis são as tuas obras, ó Se-
nhor, Deus Onipotente; justos e verdadeiros os teus
caminhos, ó Rei das nações. 4 Senhor, quem não re-
verenciará e glorificará o teu nome? Só Tu és santo
e todas as nações virão e se prostrarão diante de Ti,
porque se manifestaram os teus juízos".
5 Depois disso, vi abrir-se no céu o templo, o ta-
bernáculo do testemunho: 6 do templo saíram os sete
anjos que têm os sete flagelos, vestidos de linho puro
e brilhante, cingidos no peito com cintos de ouro. 7
Um dos quatro seres vivos deu aos sete anjos sete
taças de ouro cheias da ira de Deus que vive pelos
séculos dos séculos. 8 O templo encheu-se do fumo
da glória e do seu poder, e ninguém podia entrar, até
que se consumassem os sete flagelos dos sete anjos.

O capítulo 15 é uma espécie de introdução ao setenário das taças, começando com a visão de *outro sinal no céu, grandioso e admirável:* sete anjos com as últimas sete taças, com as quais *culmina a ira de Deus* e se leva a cabo a ruína já começada com os flagelos dos dois setenários anteriores, o dos selos e o das trombetas. Mas é só a partir do capítulo seguinte que se descrevem essas pragas finais, que darão lugar à vitória definitiva do Cordeiro e da Igreja.

Mais uma vez se deixa ver como a oração preludia a intervenção de Deus. Os vencedores da Besta, pela sua fidelidade a Cristo, aparecem sobre um mar de cristal e fogo, numa alusão à passagem do Mar Vermelho (Ex 14) pelo poder da justiça de Deus, de um Deus que é fogo devorador (Dt 4, 24). Como quem se põe a caminho da liberdade, entoam um cântico, chamado de Moisés (cf. Ex 15, 1-18), mas que é um entrelaçado de citações de Salmos e Profetas.

É então que surge a visão do santuário com o *tabernáculo do testemunho,* numa alusão à tenda do encontro do Êxodo, escondida por Moisés no Monte Nebo (2 Mc 2, 5), que os judeus esperavam que aparecesse no fim dos tempos. Dali saem os sete anjos a quem são entregues as *sete taças de ouro cheias da ira de Deus* (15, 8). Já tinham aparecido taças de ouro cheias do perfume das orações dos santos (5, 8); aqui as taças de ouro aparecem cheias da ira de Deus, o

16 E ouvi uma voz forte que saía do templo e dizia
aos sete anjos: "Ide, derramai sobre a terra as
sete taças da ira de Deus".
2 Partiu o primeiro e derramou a sua taça sobre
a terra; então apareceu uma úlcera maligna e dolo-
rosa nos que tinham a marca da Besta e adoravam
a sua imagem.
3 O segundo derramou a sua taça no mar, que se
converteu em sangue, semelhante ao de um morto;
e todo o ser vivo que havia no mar morreu.
4 O terceiro derramou a sua taça nos rios e nas
fontes, que se transformaram em sangue. 5 E ouvi o
anjo das águas dizer: "És justo, tu que és e que eras,
tu o Santo, por assim teres feito justiça. 6 Porque aos
que derramaram o sangue dos santos e dos profetas,
fizeste-os beber sangue: mereceram-no". 7 E ouvi o
altar dizer: "Sim, Senhor, Deus Onipotente, verdadei-
ros e justos são os teus juízos".
8 O quarto derramou a sua taça sobre o sol, e
foi-lhe dado queimar os homens pelo fogo. 9 E os
homens, abrasados por um intenso calor, blasfema-
ram do nome de Deus que tem poder para desen-
cadear esses flagelos, e não se converteram para
lhe dar glória.
10 O quinto derramou a sua taça sobre o trono da
Besta, e o seu reino ficou imerso em trevas: mordendo
a língua de dor, os homens 11 blasfemaram do Deus do

que parece sugerir que a justa punição dos maus — a ira de Deus — está na sequência da oração dos fiéis.

No CAPÍTULO 16 começam a ser derramadas as taças das sete pragas, descritas segundo o modelo das sete trombetas e das pragas do Egito.

As quatro primeiras são lançadas sobre a terra e o mar, sobre rios e fontes e sobre o sol, mas já não é apenas uma terceira parte a ser atingida: a calamidade é total.

A quinta praga sobre o trono da Besta produz trevas e dor horrível. Por duas vezes se observa que, apesar da gravidade das pragas, *nem assim os homens se arrependeram das suas obras*, antes pelo contrário, *blasfemaram do nome de Deus* (vv. 9 e 11), o que deixa ver uma finalidade medicinal do castigo. Com as pragas não se pretende representar um Deus justiceiro e vingativo, mas fazer um apelo à conversão e oferecer uma oportunidade para que a graça de Deus atue perdoando.

céu por causa dos seus sofrimentos e das suas cha-
gas, e não se arrependeram das suas obras.
12 O sexto derramou a sua taça sobre o grande rio
Eufrates, e as suas águas secaram-se, de modo que
ficou preparado o caminho para os reis do Oriente.
13 Vi então sair das bocas do Dragão, da Besta e
do falso profeta três espíritos imundos semelhantes
a rãs: 14 são, com efeito, espíritos demoníacos que
operam prodígios e vão ter com os reis do mundo in-
teiro a fim de os congregar para a batalha do grande
dia do Deus Onipotente.
15 Eis que venho como um ladrão: feliz aquele
que estiver vigilante e conservar as suas vestes para
não ir despido e deixar ver a sua vergonhosa nudez.
16 E congregaram-nos no lugar chamado em he-
breu "Harmagedon".

A sexta taça faz com que saiam da boca do Dragão, da Besta e do falso profeta (a segunda Besta), três espíritos demoníacos em forma de rãs imundas (há quem veja nos três uma paródia da Santíssima Trindade), com o propósito de congregar os reis da terra para a grande batalha, falsamente convencidos de que irão ganhar.

O símbolo das rãs, que atuam sorrateiros e na sombra, coaduna-se com as insídias do Diabo, que faz um trabalho clandestino e disfarçando a sua perversidade. Mas esta é *a batalha do grande dia do Deus Onipotente,* de um Deus que não perde batalhas.

O lugar da batalha final é o emblemático *Harmagedon,* ou monte de Meguido, antiga fortaleza Cananeia, num desfiladeiro estratégico na continuação sueste do monte Carmelo, ligado a grandes combates e desastres militares, como o da morte do rei Josias (cf. 2 Cr 35, 22-24). Sendo assim, torna-se um símbolo apropriado para aludir à derrota das forças daqueles reis reunidos.

É bem oportuno o aviso ao leitor de então, como ao de todos os tempos: *Eis que venho como um ladrão: feliz aquele que estiver vigilante...*

## Ruína dos perseguidores

### *A sétima taça*

[17] O sétimo derramou a sua taça no ar, e saiu do
templo, vinda do trono, uma voz forte que dizia: "Está
feito". [18] E sobrevieram relâmpagos, vozes, trovões e
um terremoto tão violento como nunca houve outro
semelhante desde que há homens sobre a terra: tão
grande ele foi!

[19] A grande cidade dividiu-se em três partes, e
as cidades dos gentios ruíram; e Deus lembrou-se
da grande Babilônia, para dar-lhe a beber a taça do
vinho da sua ira ardente. [20] Então todas as ilhas se
puseram em fuga, e as montanhas desapareceram.
[21] Enormes pedras de granizo, que podiam pesar um
talento, caíram do céu sobre os homens, e estes ir-
romperam em blasfêmias contra Deus por causa do
flagelo do granizo, que era uma praga terrível.

### *A grande Prostituta*

17 Veio em seguida um dos sete anjos que têm
as sete taças e falou-me deste modo: "Vem,
e eu te mostrarei a condenação da grande meretriz,
que está sentada à beira de muitas águas. [2] Com ela
se macularam os reis da terra e com o vinho da sua
luxúria se embriagaram os habitantes da terra". [3] E
transportou-me em espírito ao deserto. Vi ali uma

Nesta seção, com o derramar da sétima taça, começa o desenlace final do grande drama da história da salvação em que as forças do mal vão sendo progressivamente destruídas, em ordem ao estabelecimento definitivo do reinado do Cordeiro. *Está feito!* É o grito que acompanha a sétima taça e que indica que o castigo divino já chega ao fim, é definitivo e não se lhe pode escapar. Em cinco versículos (16, 17-21), antecipa-se em síntese a ruína do quartel-general do mal, *a Grande Cidade*.

A intervenção definitiva de Deus é representada pela costumada tempestade (cf. 5, 5; 8, 5; 11, 9; Ex 19, 16), agravada com *um terremoto como nunca houve* (v. 18), deixando a cidade partida em pedaços, fazendo desaparecer todas as ilhas e montanhas. Os homens são esmagados com pedras de granizo colossais de perto de quarenta quilos cada uma (cf. Ex 9, 24; Js, 10, 10-11), e nem diante de tamanho horror se converteram, antes *irromperam em blasfêmias contra Deus* (v. 21).

No capítulo 17 é apresentada a sentença condenatória contra Roma, que surge em forma de mulher (cf. v. 3), evitando assim dizer-lhe o nome, sendo descrita à maneira do grande inimigo do antigo povo de Deus, Babilônia, assente junto a grandes canais da água do rio Eufrates e entregue à prostituição

mulher sentada sobre uma Besta, cor de escarlate,
cheia de nomes blasfemos e com sete cabeças e
dez chifres. 4 A mulher estava vestida de púrpura e
escarlate, adornada de ouro e pedras preciosas e
pérolas, e tinha na mão uma taça de ouro cheia de
abominações, as imundícies da sua fornicação. 5
Na sua fronte estava escrito um nome misterioso:
"Babilônia, a grande, a mãe das meretrizes e das
abominações da terra". 6 Vi que a mulher se em-
briagava com o sangue dos santos e com o sangue
dos mártires de Jesus; e ao vê-la muito me admirei.

7 Mas o anjo disse-me: "Por que te admiraste?
Vou explicar-te o mistério da mulher e da Besta que
a carrega e que tem sete cabeças e dez chifres. 8 A
Besta que viste era, mas já não é; está para subir do
abismo, mas caminha para a perdição. E os habitan-
tes da terra cujos nomes não estão inscritos no livro
da vida, desde a criação do mundo, admiraram-se, ao
verem reaparecer a Besta que era e já não é.

9 Aqui é necessária uma inteligência dotada de
sabedoria. As sete cabeças são as sete colinas sobre
as quais a mulher está sentada; são também sete
reis: 10 cinco caíram, um vive e o outro ainda não
veio; quando vier, deve durar pouco. 11 A Besta que
existia e já não existe é, também ela, um oitavo rei,
mas faz parte dos sete e caminha para a perdição. 12
Os dez chifres que viste são dez reis que ainda não

da idolatria (cf. Jr 51, 7.13); por isso se diz: *Vem, e eu te mostrarei a condenação da grande meretriz, que está sentada à beira de muitas águas. Com ela se macularam os reis da terra e com o vinho da sua luxúria se embriagaram os habitantes da terra* (vv. 1-2).

Na visão da mulher que *se embriagava com o sangue dos santos e com o sangue dos mártires de Jesus* (v. 6), é fácil ver uma chocante alusão às cruéis perseguições de Nero aos cristãos, documentadas por Tácito e Suetônio. Nota-se no texto uma inesperada passagem desta *mulher* para a *Besta* de sete cabeças e dez chifres (v. 7; cf. 13, 1), e desta para um dos *sete reis* (v. 11) e logo a seguir para os *dez reis* (v. 12), o que não é de estranhar no gênero apocalíptico, como acontece em Daniel. Com efeito, o que acima de tudo se pretende é falar das forças do mal que atacam a Igreja: a mulher prostituta, a Besta, os reis da terra apontam para uma espécie de metamorfose de uma mesma realidade perseguidora.

De qualquer modo, fica clara a identificação da mulher, ao explicar-se que as sete cabeças são *as sete colinas sobre as quais está sentada a mulher* (v. 9), numa alusão às sete colinas de Roma, mais adiante chamada de *grande cidade que exerce a soberania sobre os reis da terra* (v. 18). A referência à Besta que *já não é* e que *está para subir do abismo* (v. 8) pode ser uma alusão à crença no Nero redivivo, a que já nos referimos

receberam o reino, mas hão de receber poder real,
durante uma hora, juntamente com a Besta. 13 Têm
uma só intenção: entregar à Besta a sua força e o seu
poder. 14 Farão guerra ao Cordeiro, mas o Cordeiro os
vencerá, juntamente com os que estão com Ele, os
chamados, os escolhidos, os fiéis, porque é o Senhor
dos Senhores e o Rei dos Reis".

15 O anjo disse-me também: "As águas junto das
quais viste sentar-se a meretriz são povos, multi-
dões, nações e línguas. 16 E os dez chifres que viste,
bem como a Besta, odiarão a meretriz, arrasá-la-ão
e a deixarão nua, devorarão as suas carnes e con-
sumi-la-ão pelo fogo. 17 Porque Deus inspirou-lhes
o propósito de executarem o desígnio divino, de
concordarem em ceder o poder à Besta, até que se
cumpram os decretos de Deus.

18 A mulher que viste é a grande cidade que exer-
ce a soberania sobre os reis da terra".

*A queda de Babilônia*

18 Depois disto, vi outro anjo que descia do céu
com grande autoridade, o qual iluminou a ter-
ra com o seu resplendor. 2 Com voz forte, bradou:
"Caiu, caiu a grande Babilônia; tornou-se morada
dos demônios, refúgio de todo o espírito impuro e
guarida de toda a ave impura e abominável, 3 porque
do vinho do furor da sua impureza beberam todas

antes; e também uma forma de a apresentar como um pobre arremedo de Deus e de Cristo: *Aquele que era, que é e que há de vir* (1, 4.8; 4, 8). E a verdade é que esse triste arremedo *caminha para a perdição* (v. 11), o que é um anúncio animador para os leitores.

Os comentaristas que tomam os *sete reis* (v. 9) como personagens históricas tentam identificá-los com os sucessivos imperadores: Augusto (anos 31 a. C a 14 d. C.), Tibério (14 a 37), Calígula (37 a 41), Cláudio (41 a 54), Nero (54 a 68), Vespasiano (69 a 79) e Tito (79 a 81); no *oitavo rei, que no entanto faz parte dos sete,* isto é, Nero redivivo, teríamos então Domiciano (na contagem não entram Galba, Otão e Vitélio considerados usurpadores); por outro lado, os *dez reis* (v. 12) seriam reis vassalos de Roma.

Porém, esta identificação não é muito convincente e por isso será preferível adotar a interpretação simbólica dos sete reis como o conjunto de um regime perseguidor, sem mais.

No capítulo 18, a grande Prostituta, Roma, é aqui designada expressamente por Babilônia, e temos agora a execução da sentença de condenação já pronunciada no capítulo anterior; e isto é feito numa linguagem à maneira dos antigos profetas, que davam por já executado um castigo futuro que eles anunciavam.

as nações, com ela se mancharam os reis da terra,
e com o seu luxo desenfreado enriqueceram-se os
traficantes da terra".

4 Em seguida, ouvi outra voz do céu que dizia: "Saí
dela, meu povo, para não serdes cúmplices dos seus
pecados e participardes dos seus castigos. 5 Porque os
seus pecados amontoaram-se até ao céu, e Deus re-
cordou-se das suas iniquidades. 6 Pagai-lhe como ela
paga; dai-lhe o dobro das suas obras; na taça que ela
preparou, infundi duas doses. 7 Causai-lhe tanto tor-
mento e pranto quanta glória e prazer experimentou.
Porque ela diz no seu coração: "Estou no trono como
rainha, não sou viúva e jamais conhecerei o pranto". 8
Por isso num só dia lhe sobrevirão os flagelos da pes-
te, do pranto e da fome, e será consumida pelo fogo;
porque poderoso é o Senhor Deus que a condenou".

9 Os reis da terra, que com ela viveram no prazer
e no luxo, hão de chorar e lamentar-se por causa dela,
quando virem a fumaça do incêndio. 10 Conservando-
-se a distância, pelo receio do seu suplício, dirão: "Ai!,
ai da grande cidade, ó Babilônia, cidade poderosa:
numa só hora chegou a tua condenação!"

11 Também os traficantes da terra choram e se la-
mentam por causa dela, porque já ninguém lhes com-
pra as mercadorias: 12 carregamentos de ouro, pra-
ta, pedras preciosas e pérolas, linho, púrpura, seda
e escarlate; toda a espécie de madeira odorífera,

Este capítulo começa com o anúncio da queda da cidade (vv. 1-3): *Caiu, caiu a grande Babilônia!* Segue-se uma outra voz que exorta o povo de Deus a sair da cidade, com uma expressão que faz lembrar o aviso de Jesus (Lc 21, 21), mas que aqui é melhor que seja entendida, com Santo Agostinho, como um aviso em sentido figurado: sair do contacto com pessoas e com um ambiente que corrompa (cf. 2 Cor 6, 14-16). Não se trata propriamente de sair do mundo, mas de evitar participar do seu estilo de vida mundano e pecaminoso (cf. 1 Cor 5, 9-11).

*Pagai-lhe como ela paga* (v. 6), com *o dobro das suas obras,* não é um apelo à vingança com a lei do talião agravada, mas revela um desejo de que se faça justiça numa devida proporção, adotando-se os modos de falar dos profetas contra Babilônia (cf. Jr 50, 29; Sl 137, 8). A linguagem aqui empregada deve ser bem entendida, pois não é a ruína da cidade de Roma que se procura, mas o restabelecimento da justiça divina.

E, também com palavras inspiradas nos profetas (cf. Is 23; Ez 26; 27), seguem-se as lamentações de todos os que se contaminaram com a cidade perseguidora: reis (vv. 9-10), mercadores (vv. 11-17a), homens do mar (17b-19).

objetos de marfim, madeira preciosa, bronze, ferro
e mármore; 13 cinamomo, amorno, aromas, perfume
e incenso, vinho e azeite, flor de farinha e trigo, ani-
mais de carga e ovelhas, cavalos e carros, escravos,
seres humanos.

14 Os frutos que faziam as tuas delícias afasta-
ram-se para longe de ti; todas as coisas delicadas
e magníficas se acabaram para ti e não mais se po-
derão encontrar.

15 Os mercadores de tais produtos, que se en-
riqueceram à custa da cidade, conservar-se-ão a
distância, com receio do seu suplício, chorando e
lamentando-se 16 deste modo: "Ai!, ai da grande ci-
dade vestida de linho, púrpura e escarlate, adornada
de ouro, pedras preciosas e pérolas! 17 Numa hora foi
reduzida a nada tanta riqueza!"

Pilotos, mareantes de navegação costeira, ma-
rinheiros e quantos vivem do mar conservaram-se
todos a distância 18 e, vendo o fumo do seu incêndio,
gritavam: "Que cidade havia semelhante à grande
cidade"? 19 E, lançando pó sobre a cabeça, gritavam
entre lágrimas e gemidos: "Ai!, ai da grande cidade
cuja opulência enriqueceu todos os que têm navios
no mar! Em uma hora foi reduzida a nada!

20 Exulta sobre ela, ó céu, e vós, santos, apóstolos e
profetas, porque Deus vos fez justiça vingando-se dela".

O pranto dos homens do mar mistura-se paradoxalmente com o convite à alegria dos cristãos (v. 20).

Por fim, temos a ação simbólica de arremessar ao mar uma pedra grande como a mó de um moinho: *Com tal ímpeto será precipitada Babilônia, a grande cidade, e nunca mais se verá!* (v. 21). E o capítulo termina com versículos de grande lirismo e beleza poética (vv. 22-24).

Nestas páginas podemos ver retratado o destino a que está votada a cultura de morte dos nossos dias, o fim de uma sociedade que cambaleia e já não se pode aguentar a si mesma. Quando propaga o horrível crime do aborto, quando atenta contra a família baseada no casamento estável e aberto à vida, a sociedade mina os seus próprios fundamentos. Na linguagem para nós chocante do Apocalipse, não se lança uma maldição hostil a este tipo de cidade, *a grande Prostituta*, mas antes um alerta muito sério, que é válido para todos os tempos.

21 Depois, um anjo forte levantou uma pedra se-
melhante a uma grande mó de moinho e lançou-a ao
mar, dizendo: "Com tal ímpeto será precipitada Ba-
bilônia, e não mais se verá a grande cidade. 22 Nunca
mais se ouvirá em ti o canto dos harpistas, dos canto-
res, dos flautistas e trombetistas; não se encontrará
mais em ti artífice algum de qualquer arte que seja;
nunca mais se ouvirá em ti o ruído do moinho. 23 Não
brilhará mais em ti a luz da lâmpada, nem a voz de
esposo e esposa se ouvirá mais em ti, porque os teus
mercadores eram os magnatas da terra, porque com
as tuas magias se extraviaram todas as nações. 24
Nela se viu o sangue dos profetas e santos, de todos
os que foram imolados sobre a terra".

***Hinos de vitória dos que foram salvos***

19 Depois disto, ouvi no céu como que um imenso
coro de vozes fortes que clamava: "Aleluia! A
salvação, a glória e a força pertencem ao nosso Deus,
2 porque os seus juízos são verdadeiros e justos. Pois
condenou a grande meretriz que corrompia a terra
com as suas prostituições e vingou nela o sangue dos
seus servos". 3 E repetiram: "Aleluia! A sua fumaça
sobe pelos séculos dos séculos". 4 Os vinte e qua-
tro anciãos e os quatro seres vivos prostraram-se e
adoraram a Deus, sentado no trono, dizendo: "Amém!
Aleluia! 5 E do trono saiu uma voz que dizia: "Louvai

A primeira parte do capítulo é como que a conclusão da visão da queda da Babilônia, representada no capítulo anterior. É um hino de vitória, um louvor universal, inspirado nos Salmos e com sabor litúrgico, como que dialogado em coros alternados: uma imensa multidão no céu (vv. 1-3.6), os vinte e quatro anciãos e os quatro seres vivos (v. 4), uma voz vinda do trono (v. 5). A aclamação *aleluia*, repetida aqui quatro vezes (vv. 1.3.4.6), é a única vez que aparece em todo o Novo Testamento, como já fizemos notar; encontra-se especialmente nos Salmos, correspondendo a uma palavra hebraica composta — *hallelú-yah* —, que significa *louvai Yavé*.

O louvor e a alegria atingem o auge, porque *chegou o dia das bodas do Cordeiro e a sua Esposa já está engalanada* (v. 7). Faz-se aqui uma antecipação dessas bodas escatológicas de que o autor só falará no capítulo 21. O enfeite da Esposa é *um vestido de linho puro e deslumbrante*, isto é, *as boas obras dos santos* (v. 8). É de notar o contraste do enfeite simples, puro e belo da Esposa, com o enfeite aguerrido e provocante da grande Prostituta já derrotada (17, 4). No Antigo Testamento, Deus é designado como o Esposo do seu povo (por ex. Is 54, 5-6; Jr 2, 2; Ez 16; Os 2, 2ss), e, no Novo, Cristo passa a assumir essa mesma condição (cf. Mt 9, 15; 25, 6; Jo 3, 29; 2 Cor 11, 2; Ef 5, 25-26), como mais um indicativo da sua natureza divina.

o nosso Deus, vós todos os seus servos, vós que o
temeis, pequenos e grandes”.

6 E ouvi como uma voz de uma grande multidão,
como marulhar de águas caudalosas, como o ribom-
bar de fortes trovões, que dizia: “Aleluia! Porque o
Senhor, nosso Deus, o Onipotente, tomou posse do
seu reino. 7 Alegremo-nos, e exultemos, e demos-
-lhe glória, porque chegou o tempo das núpcias do
Cordeiro, e a sua Esposa já está engalanada: 8 foi-lhe
dado vestir-se de linho puro e deslumbrante (o linho
são as boas obras dos santos)”.

9 Depois disse-me: “Escreve: Felizes os convi-
dados para a ceia das núpcias do Cordeiro”. E acres-
centou: “Estas são palavras verdadeiras de Deus”. 10
Então caí de joelhos diante dele para o adorar, mas
ele disse-me: “Não faças isso! Eu sou um servo como
tu e como os teus irmãos que possuem o testemu-
nho de Jesus. Adora a Deus”. Porque o espírito de
profecia não é outro senão o testemunho de Jesus.

Como comenta João Paulo II, "o *amor redentor* transforma-se em *amor esponsalício*. Cristo, ao dar-se a si mesmo à Igreja, uniu-se a ela de uma vez para sempre com o próprio ato redentor, como o esposo à esposa" (18.12.1982). Transcrevemos o belo comentário atualizante da Bíblia de Navarra: "Quando nesta passagem do Apocalipse se cantam as bodas do Cordeiro na perspectiva do final da História, está a mostrar-se a Igreja de todos os tempos, e também o destino e a tarefa de todos os cristãos: preparar o seu vestido nupcial, mediante as boas obras, o louvor, a vida santa, para entrar no banquete das bodas".

E desde já se proclama mais uma das *sete bem-aventuranças* do Apocalipse (cf. 1, 3; 14, 13; 16, 15; 19, 9; 20, 6; 22, 7; 22, 14): *Felizes os convidados para a ceia das núpcias do Cordeiro!* (v. 9). É uma bem-aventurança muito semelhante à da nossa liturgia da Comunhão eucarística: *Felizes os convidados para a ceia do Senhor*, palavras estas que revelam a dimensão escatológica da Eucaristia, como uma prefiguração, mais ainda, uma antecipação e penhor da plena comunhão com Deus no banquete eterno do céu.

*Visão de Cristo vitorioso e da derrota da Besta
e do seu séquito*

11 Depois vi o céu aberto, e eis que apareceu um
cavalo branco, e quem o monta chama-se "Fiel" e
"Veraz" e julga e combate com justiça. 12 Os seus olhos
são como uma chama de fogo; na sua cabeça, há
muitos diademas e traz escrito um nome que só Ele
conhece; 13 veste um manto tingido de sangue e o
seu nome é "o Verbo de Deus". 14 Acompanham-no os
exércitos celestes em cavalos brancos e vestidos de
linho fino, branco e resplandecente. 15 Da sua boca sai
uma espada afiada, para com ela ferir as nações. Ele
há de governá-las com cetro de ferro e calcar aos pés
o lagar do vinho que contém o furor da ira do Deus
Onipotente. 16 Traz escrito no manto e na coxa este
nome: Rei dos reis e Senhor dos senhores.

17 Em seguida, vi um anjo, de pé sobre o sol, que
gritava com voz forte a todas as aves que esvoaça-
vam no mais alto do céu: "Vamos! Juntai-vos para
a grande ceia de Deus; 18 para comerdes carne de
reis, carne de tribunos, carne de poderosos, carne
de cavalos e cavaleiros, carne de todos os homens,
livres e escravos, pequenos e grandes".

Na segunda parte do capítulo 19, à maneira da visão inicial do Apocalipse, temos a majestosa imagem do Cordeiro vitorioso, mas aqui como um cavaleiro, equipado para o combate final, em que vão ser derrotadas definitivamente as poderosas forças do mal, por uma ordem crescente: os reis da terra (v. 18), a Besta e o falso profeta (v. 20), e, num segundo combate escatológico, o Dragão, Satanás (20, 1-10).

Cristo aparece no céu montado num cavalo branco, a cor de uma vitória assegurada logo à partida. Chama-se *Fiel e Veraz,* títulos que sugerem um caráter divino. *Julga com justiça,* como se diz do Messias (cf. Is 11, 3-5), que a tradição judaica considerava um guerreiro *que combate.* Os seus *olhos são como uma chama de fogo,* de modo que podem penetrar o mais íntimo daqueles que vai julgar. Traz na cabeça *muitos diademas,* superando os do Dragão e os da Besta, evidenciando-se assim a sua qualidade de rei. *Veste um manto tingido de sangue* (cf. Is 63, 3), como um general vitorioso no regresso da batalha, mas também como consequência de ter pisado *o lagar que contém o furor da ira do Deus onipotente.* Seguem-no as tropas vencedoras, *exércitos celestes vestidos de linho fino, branco e resplandecente,* em que o contexto nos deixa ver os eleitos (cf. 17, 14). *Da sua boca sai uma espada afiada para com ela ferir as nações, que governará com*

19 Vi depois a Besta e os reis da terra com os seus
exércitos reunidos para fazer guerra ao cavaleiro e
ao seu exército. 20 Mas a Besta foi presa e com ela
o falso profeta, que na sua presença realizara prodígios, com os quais enganara aqueles que tinham
recebido a marca da Besta e os adoradores da sua
imagem. Os dois foram lançados vivos no tanque de
enxofre em chamas. 21 Os restantes foram mortos à
espada que saía da boca do cavaleiro, e todas as aves
se fartaram das suas carnes.

*cetro de ferro*, o que só se pode entender num sentido figurado, como uma alusão à palavra julgadora (cf. Hb 4, 4) que compete ao Messias, conforme o messiânico Salmo 2, 9 aqui citado. E *traz escrito um nome que só Ele conhece;* isto é dito alegoricamente, sugerindo o Nome divino, que no Antigo Testamento é apresentado como incomunicável (cf. Gn 32, 30; Jz 13, 17-18). Aqui, porém, trata-se de Jesus (cf. Fl 2, 9), e, embora logo a seguir se diga que é o *Verbo de Deus* (cf. Jo 1, 1.14), é certo que ninguém senão Ele pode ter um adequado conhecimento do que é pela sua natureza divina. Com efeito, Ele é *Rei dos reis e Senhor dos senhores,* dois superlativos hebraicos a indicar que é Rei e Senhor no grau máximo, o que é mais uma forma de dar a entender a sua divindade. Traz esse título *escrito no manto e na coxa,* ou melhor, *no estandarte,* como pensa Boimard, que acha ter havido uma confusão entre as duas palavras hebraicas que se escrevem de forma muito parecida: *déghel* (estandarte) e *réghel* (coxa).

À primeira vista, poder-se-ia pensar que Cristo aparece nesta cena como um Messias violento e guerreiro, tal como o judaísmo o imaginava. Esta forma de dizer, porém, não passa de uma maneira de encarecer a sua vitória sobre as forças do mal, mediante uma linguagem simbólica, corrente na literatura intertestamentária apocalíptica. Uma luta épica desta natureza contra forças tão poderosas não encontraria melhor maneira de ser posta em cena.

Por outro lado, a realidade é que esta guerra não é uma guerra destruidora, mas libertadora, e até o herói da batalha é um simples Cordeiro, quando poderia ter sido apresentado como o Leão de Judá (5, 5; cf. Gn 49, 9). Quando se diz que, com a condenação da grande Prostituta, Ele *vingou o sangue dos seus servos* (v. 2), isso nada tem a ver com retaliação ou vingança, mas é uma forma de pôr em relevo a mais elementar justiça: *Deus fez justiça* à causa dos cristãos perseguidos (18, 20). Não é demais insistir em que estamos perante uma linguagem simbólica, com a qual se pretende mostrar, em forma bem expressiva, a ruína completa a que estão votados *todos* os que se opõem a Deus, a Cristo e à sua Igreja: *reis, chefes militares, livres e escravos, pequenos e grandes* (v. 18); estes serão comidos pelas aves de rapina como num banquete sagrado em que as vítimas são comidas depois de imoladas em honra de Deus, e é por isso que se fala de uma *grande ceia de Deus* (v. 17).

Na visão do combate da Besta, dos reis da terra e seus exércitos contra o Cordeiro e o exército dos seus fiéis, há pormenores que demonstram a natureza dessa luta; não se trata de uma guerra que haja de ser vencida com armamento militar, mas *com a espada da palavra que sai da boca do Cordeiro* (v. 21). E a espada é a palavra Deus (cf. Hb 4, 11-13), que não pode deixar de produzir uma ação discriminatória, separando o trigo do joio. É assim que *a Besta* (do mar) e *o falso profeta* (Besta da terra) foram presos e *lançados vivos no tanque de enxofre em chamas* (v. 20); e aos seus sequazes não lhes resta outra saída senão a morte (v. 21).

### *Os mil anos do reinado de Cristo e dos seus, com Satanás acorrentado*

20 Vi então descer do céu um anjo, com a chave
do abismo e uma grande cadeia na mão. 2
Prendeu o Dragão, a serpente antiga, que é o Diabo
e Satanás, e acorrentou-o durante mil anos; 3 e ar-
remessando-o ao abismo, fechou-o e selou-o, para
que não extravie mais as nações, até se completa-
rem os mil anos, depois do que deve ser deixado em
liberdade por um pouco de tempo.
4 Vi também tronos com homens neles sentados,
aos quais foi dado o poder de julgar. Vi ainda as al-
mas daqueles que foram decapitados por causa do
testemunho de Jesus e da palavra de Deus, e todos
aqueles que não adoraram a Besta nem a sua ima-
gem, e não receberam a marca na fronte nem na mão;
tornaram a viver e reinaram com Cristo durante mil
anos. 5 Os outros mortos não voltaram à vida antes
de se completarem os mil anos. Esta é a primeira
ressurreição.

Depois de estabelecida a justiça com a punição de Roma, simbolizada na ruína da grande Prostituta (cap. 17) e da grande cidade de Babilônia (cap. 18), e depois do extermínio das duas Bestas (cap. 19), agora, no capítulo 20, é a vez da batalha contra o inimigo número um e instigador de todo o mal, *o grande Dragão,* aqui bem identificado com diversos nomes: *a Serpente antiga, o Diabo e Satanás.*

E esta batalha não é apresentada de uma só vez, mas em dois momentos. Num primeiro, o Demônio é dominado provisoriamente, já sem poder fazer o mal que quer, o que é dito simbolicamente: *acorrentado durante mil anos* (v. 2; cf. 2 Pd 2, 4). Num segundo momento, é apresentado num ataque final mais violento, em que fica completamente derrotado (vv. 7-10).

Já antes demos a explicação do que significa esse número simbólico, *mil anos:* um longo tempo indeterminado. Segundo a interpretação mais coerente, que veio a prevalecer, a esse tempo corresponde o tempo da Igreja, desde a primeira até à última vinda de Cristo, no qual se dá *a primeira ressurreição* (v. 5), uma forma simbólica de designar o Batismo como ressurreição espiritual (cf. Rm 6, 4-5; Cl 2, 12); é o período para *dar testemunho de Jesus* (v. 4), o período dos mártires e daqueles que não se deixaram seduzir pela Besta, e estão de tal maneira unidos a Cristo que a

6 Felizes e santos aqueles que participam desta
primeira ressurreição; sobre eles não tem poder a
segunda morte, mas serão sacerdotes de Deus e de
Cristo e reinarão com Ele durante mil anos.

visão os apresenta sentados em tronos participando do seu *poder de julgar* (v. 4; cf. Mt 19, 28; 1 Cor 6, 2-3).

E o autor não deixa de proclamar mais uma das sete bem-aventuranças do Apocalipse, atingindo aqui a máxima densidade: *Felizes e santos aqueles que participam desta primeira ressurreição; sobre eles não tem poder a segunda morte, mas serão sacerdotes de Deus e de Cristo e reinarão com Ele durante mil anos.* A segunda morte é a morte eterna (cf. v. 14). E é no tempo da Igreja, já aqui na terra, que os cristãos participam do sacerdócio e da realeza de Cristo, um tema que está bem presente no Apocalipse (1, 6; 5, 10; cf. 1 Pd 2, 5.9; Ex 19, 6; Is 61, 6) e que o Concílio Vaticano II pôs em grande relevo (LG, 10):

"Os batizados são consagrados para serem casa espiritual, sacerdócio santo, a fim de que, por meio de todas as obras próprias do cristão, ofereçam oblações espirituais e anunciem os louvores dAquele que das trevas os chamou à sua admirável luz [...]. Ofereçam-se a si mesmos como hóstias vivas, santas, agradáveis a Deus, deem testemunho de Cristo em toda a parte, e, àqueles que lha pedirem, deem razão da esperança da vida eterna que neles habita (cf. 1 Pd 3, 15). O sacerdócio comum dos fiéis e o sacerdócio ministerial ou hierárquico, embora se diferenciem essencialmente e não apenas em grau, ordenam-se mutuamente um para o outro; pois um e outro participam, a seu modo,

*A derrota definitiva de Satanás*

7 Quando se tiverem completado os mil anos,
Satanás será solto da sua prisão 8 e irá seduzir as
nações dos quatro cantos da terra, Gog e Magog, a
fim de as congregar para a guerra; serão numerosas
como a areia do mar. 9 Subiram a toda a superfície
da terra, sitiaram o acampamento dos santos e a
cidade muito amada; mas desceu fogo do céu e os
devorou. 10 E o Diabo, o sedutor, foi lançado no tanque
de fogo e enxofre, onde estão também a Besta e o
falso profeta; serão atormentados dia e noite, pelos
séculos dos séculos.

do único sacerdócio de Cristo. Com efeito, o sacerdote ministerial, pelo seu poder sagrado, forma e conduz o povo sacerdotal, realiza o sacrifício eucarístico fazendo as vezes de Cristo e oferece-o a Deus em nome de todo o povo; os fiéis, por sua vez, concorrem para a oblação da Eucaristia em virtude do seu sacerdócio real, que exercem na recepção dos sacramentos, na oração e ação de graças, no testemunho da santidade de vida, na abnegação e na caridade operosa".

*Quando se tiverem completado os mil anos,* isto é, quando chegar o fim dos tempos, *Satanás será solto da sua prisão* (v. 7). Temos aqui uma passagem difícil de interpretar, diversamente entendida pelos estudiosos. Segundo a interpretação mais habitual, antes do fim do mundo, Deus permitirá que Satanás exerça a sua maléfica ação de forma mais intensa e insidiosa, com grande poder de *seduzir* (v. 8), de modo a congregar contra a Igreja — *o acampamento dos santos e a cidade muito amada* (v. 9) — todas as forças hostis em número incontável, *como o da areia do mar,* aqui simbolizadas por forças apocalípticas inimigas, *Gog e Magog* (v. 8; cf. Ez 38).

No Novo Testamento, temos outras passagens que podem ajudar a entender esta. No discurso escatológico dos Sinópticos fala-se de uma *grande tribulação como nunca houve* (cf. Mt 24); São Paulo

*O Juízo final*

11 Depois vi um grande trono branco e Aquele
que nele se sentava. A terra e o céu fugiram da sua
presença sem deixarem vestígios. 12 Vi também os
mortos, grandes e pequenos, de pé diante do trono.
Abriram-se os livros. Abriu-se também outro livro,
que é o da vida; e os mortos foram julgados pelo que
estava escrito nos livros, segundo as suas próprias
obras.

13 E o mar restituiu os mortos que nele havia, e a
morte e o Hades entregaram os mortos que tinham
em seu poder; e estes foram julgados cada um se-
gundo as suas obras. 14 E a morte e o Hades foram
lançados no tanque de fogo. Esta é a segunda morte:
o tanque de fogo. 15 Todos os que não estavam inscri-
tos no livro da vida foram lançados no tanque de fogo.

diz que antes do fim do mundo "deve vir a apostasia e manifestar-se o homem da iniquidade, o adversário, aquele que se ergue contra tudo o que se chama Deus ou é objeto de culto, a ponto de ele próprio se sentar no templo de Deus e se ostentar a si mesmo como Deus" (2 Ts 2, 3-4).

Neste segundo e decisivo combate, não se fala da ação das forças do bem, como antes, mas simplesmente da ação poderosa de Deus: *mas desceu fogo do céu e os devorou* (v. 9; cf. 2 Rs 1, 12; Ez 38, 22). O lançamento do *Diabo no tanque de fogo e enxofre* significa a sua derrota definitiva e a condenação eterna (cf. Mt 25, 41.46).

Sem se falar de trombetas e de anjos, como em outras passagens do Novo Testamento (1 Cor 15, 52; 1 Ts 4, 16), surge a visão do Juiz divino, mas sem o nomear, *sentado num grande trono branco,* e, em sinal da presença divina, *o céu e a terra fugiram e desapareceram definitivamente* (v. 11), também como que para dar lugar a um novo céu e uma nova terra (21, 1). Ainda antes de falar expressamente da ressurreição universal, que só é referida mais adiante no v. 13, há a visão dos *mortos, grandes e pequenos, de pé diante do trono,* e que *foram julgados pelo que estava escrito nos livros, segundo as suas próprias obras* (v. 12: cf. Jo 5, 28-29; Pr 24, 12). Todos serão submetidos a julgamento, grandes e pequenos, e sem se dizer que ficam excluídos os da primeira ressurreição.

E com que livros se procede ao julgamento? Segundo a tradição bíblica, há duas espécies de livros. Num deles, registram-se as obras boas e más de cada um (cf. Dn 7, 10; 12, 1; Is 65, 6). No outro, que é o *livro da vida*, estão inscritos os nomes dos eleitos, predestinados para a vida eterna (v. 15; cf. 3, 5; Ex 32, 32). Com esta metáfora do livro da vida, insinua-se que a salvação é um dom gratuito de Deus, embora exija a correspondência a esse dom com as obras, que ficam registradas no primeiro livro, de modo a que não se venha a ser riscado do livro da vida (3, 5) e a ser condenado.

*A Morte e o Hades* — o *Sheol*, ou morada dos mortos — aparecem aqui personificados, por um lado, devolvendo à vida os seus mortos (v. 13), por outro, sendo finalmente também eles lançados ao tanque de fogo (v. 14), uma forma de dizer que já não haverá mais morte (cf. 1 Cor 15, 26), a não ser *a segunda morte*, que é identificada com *o tanque de fogo* (v. 15) isto é a condenação ou morte eterna. E fica a lição: a morte não tem a última palavra! Mais ainda: com a morte, não acaba tudo.

Através destas visões, em expressiva forma simbólica, o leitor de todos os tempos é despertado para os novíssimos, as últimas realidades após a nossa vida terrena, a que ninguém jamais pode escapar. A existência do Juízo universal feito por um Deus infinitamente justo, sábio e bom, dá-nos por um lado a garantia de que a injustiça e o mal não ficarão impunes, e, por outro, constitui um apelo a vivermos de tal forma que esse Juízo não seja para nós de condenação, mas de salvação. Como diz o Catecismo da Igreja Católica, n. 1041: "A mensagem do Juízo final é um apelo à conversão, enquanto Deus der ainda aos homens «o tempo favorável, o tempo da salvação» (2 Cor 6, 2). Ela inspira um santo temor de Deus. Ela empenha na justiça do Reino de Deus. E anuncia a «feliz esperança» (Tt 2, 13) do regresso do Senhor, que virá «para ser glorificado nos seus santos e admirado no meio de todos os que tiverem acreditado» (2 Ts 1, 10)".

## Instauração de um mundo novo

*Um novo céu e uma nova terra*

21 Em seguida, vi um novo céu e uma nova ter-
ra, porque o primeiro céu e a primeira terra
desapareceram e o mar já não existia. 2 E vi descer
do céu, de junto de Deus, a cidade santa, a nova Je-
rusalém, preparada como uma noiva que se adorna
para o seu esposo. 3 E ouvi uma voz forte que pro-
vinha do trono e dizia: "Eis a morada de Deus com
os homens; Habitará com eles e serão o seu povo e
Ele mesmo, Deus, estará com eles. 4 Enxugará toda
a lágrima dos seus olhos, e não haverá mais morte,
nem luto, nem pranto, nem dor, porque as primeiras
coisas passaram".

Com as visões que se seguem, chegamos ao ponto culminante do livro do Apocalipse, o cume da história da salvação. Eliminadas definitivamente todas as forças do mal e a própria morte, temos agora a completa instauração do Reino de Deus. A expressão com que começa o capítulo 21 — *e vi um novo céu e uma nova terra* — é o modo de designar todo o Universo *novo,* isto é, *renovado* (como indica o adjetivo grego). Esta renovação visa, sem dúvida, o aspecto moral; uma renovação que se refere, primariamente, à supressão do pecado. Não parece estar excluída também uma renovação física, sobretudo tendo em conta o que se diz em 2 Pd 3, 10-13 e Rm 8, 19-22. A expressão é tirada de ls 65, 17; 66, 22. Mas o que se passará, em concreto, com o Universo no fim dos tempos continua a ser um mistério (cf. GS, n. 39).

De qualquer modo, a renovação de que se fala é de ordem sobrenatural e misteriosa, e não fruto de um simples processo evolutivo natural. Estamos em face de uma realidade que *desce do céu, de junto de Deus: a cidade santa, a nova Jerusalém,* (v. 2), descrita com uma linguagem semelhante à de Ezequiel (Ez 40, 1 42, 20), como um dom gratuito de Deus, onde se goza de uma "felicidade que satisfará e superará todos os desejos de paz que se levantam no coração dos homens" (GS, n. 39); com efeito, Deus *enxugará toda a lágrima dos seus olhos, e não haverá*

[5] E Aquele que estava sentado no trono disse:
"Eis que renovo todas as coisas"; e acrescentou: "Es-
creve: Estas palavras são fiéis e verazes". [6] Disse-me
mais: "Está feito; Eu sou o Alfa e o Ômega, o Princí-
pio e o Fim. A quem tem sede darei gratuitamente
a beber da fonte da água viva. [7] O vencedor herdará
tudo isto, e eu serei o seu Deus, e ele será meu filho.
[8] Mas os covardes, os incrédulos, os deprava-
dos, os homicidas, os luxuriosos, os feiticeiros, os
idólatras e todos os mentirosos terão a sua sorte no
tanque de fogo e enxofre: esta é a segunda morte".

*mais morte, nem luto, nem pranto, nem dor, porque as primeiras coisas passaram*" (v. 4).

A *nova Jerusalém* (v. 2) é a Esposa do Cordeiro, antes apresentada (cf. 19, 6-8), *já preparada, qual noiva adornada para o seu esposo* (v. 2). A partir do v. 10, será descrito todo o esplendor da sua beleza. Também São Paulo chama à Igreja *a Jerusalém lá do alto, que é nossa Mãe* (Gl 4, 26) e *Esposa* de Cristo (2 Cor 11, 2; Ef 5, 25; cf. Jo 3, 29). Nela se cumpre plenamente a figura da *morada de Deus com os homens* (v. 3; cf. Ez 37, 27; 2 Cr 6, 18; Jo 1, 14). A Igreja aparece-nos aqui na sua fase definitiva e final, celeste e triunfante, mas é desde já a verdadeira *morada de Deus com os homens;* e esta presença única de Deus iniciou-se com a Encarnação e é consumada no céu.

E esta seção termina com promessas e ameaças: o vencedor herdará a filiação divina (v. 7); e *o tanque de fogo e enxofre*, que é *a segunda morte*, isto é, a condenação eterna, é a sorte dos que se obstinam no pecado.

A parte final do Apocalipse detém-se numa descrição, metafórica e muito bela, da Jerusalém celeste, a Noiva do Cordeiro, a Igreja de Cristo, tendo como pano de referência textos do Antigo Testamento, em especial Ezequiel, ao descrever, também em forma de visões (Ez 40 — 42), a cidade e o templo renovados, após a destruição com a invasão de Nabucodonosor em 587 a. C.

*A Jerusalém celeste*

[9] Veio, então um dos sete anjos que têm as sete
taças cheias dos sete últimos flagelos, e disse-me:
"Vem, mostrar-te-ei a noiva, a esposa do Cordeiro". [10] E
levou-me em espírito a um monte grande e alto, donde
me mostrou a cidade santa, Jerusalém, que descia do
céu, de junto de Deus, [11] refletindo a glória de Deus.
Brilhava como uma pedra das mais preciosas, como
jaspe cristalino; [12] cingia-a uma muralha de grande
altura, com doze portas, guardadas por doze anjos.
E nas portas estavam inscritos os nomes das doze
tribos dos filhos de Israel: [13] três portas para o oriente,
três portas para o norte, três portas para o sul e três
portas para o poente. [14] A muralha da cidade tinha por
fundamento doze pedras, sobre as quais estavam os
doze nomes dos doze Apóstolos do Cordeiro.

Esta descrição é feita com mão de mestre. Como observa o comentador da Bíblia de Navarra, sugere as impressões que vai tendo um caminhante que se aproxima de uma cidade: de longe, vê o seu esplendor — a cidade e a glória de Deus (vv. 10-11) —; ao aproximar-se, vê os muros e as portas (vv. 12-13); e, ao chegar, as pedras dos fundamentos (v. 14). Uma vez dentro, contempla a sua grandeza — as medidas (vv. 15-16) —, e então aprecia a magnitude e riqueza dos muros (vv. 17-18), das pedras dos fundamentos e das portas (vv. 19-21); e extasia-se diante da iluminação que procede da glória de Deus (21, 22 — 22, 5).

A visão é contemplada em *um monte grande e alto* (v. 10), visando salientar que está no pólo oposto da visão da grande Prostituta, que é vista no deserto (cf. 17, 3). E Santo Agostinho comenta: "A *montanha* é Cristo. A Igreja é a *cidade santa* edificada na montanha; é a Esposa do Cordeiro. Foi edificada na montanha, quando foi conduzida aos ombros do pastor..." O mesmo Santo Doutor comenta o simbolismo das três portas para cada um dos quatro pontos cardeais (v. 13): "Como a cidade descrita é a Igreja *difundida por todo o orbe,* mencionam-se *três portas* em cada uma das *quatro partes do mundo,* pois na Igreja, nas quatro partes do mundo, anuncia-se o mistério da Trindade. As doze portas e os doze pilares respectivamente com nomes das doze tribos

15 Aquele que me falava tinha uma vara de ouro
para medir a cidade, as portas e a muralha. 16 A cidade
formava um quadrado: o comprimento igualava a lar-
gura. E com a vara mediu a cidade: doze mil estádios.
O comprimento, a largura e a altura eram iguais. 17 E
mediu a muralha: cento e quarenta e quatro côvados,
segundo a medida humana usada pelo anjo.

18 A muralha era feita de jaspe e a cidade de
ouro fino, semelhante a cristal transparente. 19 Os
alicerces da muralha da cidade estavam adornados
com toda a espécie de pedras preciosas. O primeiro
alicerce era de jaspe; o segundo de safira; o terceiro
de calcedônia; o quarto de esmeralda; 20 o quinto de
sardónica; o sexto de cornalina, o sétimo de crisó-
lito, o oitavo de berilo; o nono de topázio; o décimo
de crisópraso; o undécimo de jacinto e o duodécimo
de ametista. 21 As doze portas eram doze pérolas,
e cada porta era feita de uma só pérola. A praça da
cidade era de ouro fino, translúcida como cristal.

de Israel e dos doze Apóstolos, ambos em estreita união, significam que a novidade da Igreja de Cristo está na continuidade do antigo Povo de Deus. As medidas (vv. 15-17) também são simbólicas e são múltiplos de 12: os 12.000 estádios (2.200 km) para a cidade representam uma extensão imensamente grande, para significar que nela cabem todos os povos (a universalidade da Igreja). As muralhas de 144 côvados (12x12), isto é, 72 metros, têm uma medida demasiado pequena, que só pode ser a de uma simples torre, simbolizando assim que sobram muralhas de defesa, pois todos os inimigos já foram vencidos. A beleza e variedade das pedras preciosas (vv. 18-21) simbolizam a santidade da Igreja, com uma alusão à dignidade sacerdotal e régia dos seus filhos, pois as doze pedras preciosas fazem lembrar as do peitoral do sumo sacerdote (cf. Ex 28, 15-21).

Num flagrante contraste com a referida visão da Jerusalém renovada de Ezequiel, em que o centro era o templo, na visão da Jerusalém celeste não há santuário, "porque em Deus está a Igreja, e na Igreja está Deus", *pois o seu templo é o Senhor Deus onipotente e o Cordeiro* (v. 22; cf. Jo 2, 19-22; 4, 23-24). *Não precisa de sol nem de lua,* pois "a Igreja não é orientada pela luz, nem pelos elementos do mundo; é conduzida por Cristo, o eterno Sol, por entre as trevas do mundo (cf. Jo 8, 12; 1, 9; e também Is 60, 1.11)" (Santo Agostinho).

[22] Nela não vi templo algum, pois o seu templo é
o Senhor, Deus Onipotente, e o Cordeiro. [23] A cidade
não precisa de sol nem de lua para se iluminar: ilumi-
na-a a glória de Deus, e a sua lâmpada é o Cordeiro.
[24] À sua luz caminharão as nações, e os reis da terra
trar-lhe-ão a sua glória. [25] As portas não se fecharão
diariamente, porque aí não haverá noite. [26] Trar-lhe-
-ão também a glória e os tesouros das nações. [27] Não
entrará nela nada de impuro, nem nenhum deprava-
do, nem mentiroso algum, mas somente os que estão
inscritos no livro da vida, do Cordeiro.

Na visão há ainda *um rio de água viva, resplandecente como cristal, que brotava do trono de Deus e do Cordeiro* (22, 1), no qual, desde os Padres da Igreja, se costuma ver representado o Espírito Santo (cf. 21, 6; Jo 7, 38-39), que procede do Pai e do Filho; deste modo, o texto contém uma alusão ao mistério da Santíssima Trindade.

A felicidade celeste está descrita por meio de imagens paradisíacas inspiradas no Antigo Testamento: abundância de água, frutos, saúde, bênção, luz e, sobretudo, a *contemplação do rosto* de Deus, o que já não é uma simples imagem, mas a realidade sobrenatural da bem-aventurança do céu (cf. 1 Jo 3, 2; 1 Cor 13, 12). *Não haverá noite!* Bem poderiam estas palavras estar na origem da sentença popular, na ilha de São Tomé: onde há Deus, não há noite.

Depois da apresentação de tão extraordinárias visões, a obra termina de forma arrebatadora, em que o vidente de Patmos aglomera, num estilo enérgico, frases de distintos intervenientes, sem grande ligação umas com as outras. Antes de tudo, são dadas garantias da verdade da mensagem da obra: *Estas palavras são fidedignas e verdadeiras* (v. 6; cf. vv. 18-19). Por mais incríveis que pareçam, gozam de autoridade divina, porque João falou como um profeta, transmitindo o que lhe vinha da parte de Deus. Daqui a bem-aventurança: *Feliz aquele que observar as palavras proféticas deste livro* (v. 7).

## Conclusão das visões

22 O anjo mostrou-me depois um rio de água
viva, límpido como cristal, que brotava do
trono de Deus e do Cordeiro. 2 No meio da praça,
com o rio de um lado e de outro, estava a árvore da
vida, que frutifica doze vezes, uma em cada mês;
as folhas servem para curar as nações. 3 Não haverá
aí nada de maldito. O trono de Deus e do Cordeiro
estará na cidade e os seus servos o servirão; 4 verão
a sua face, e o seu nome estará escrito nas frontes
deles. 5 Não haverá mais noite, nem terão necessi-
dade da luz de lâmpadas nem da luz do sol, porque
o Senhor Deus brilhará sobre eles e reinarão pelos
séculos dos séculos.

6 E disse-me: "Estas palavras são fidedignas e
verdadeiras; o Senhor Deus do espírito profético en-
viou o seu anjo para mostrar aos seus servos o que
em breve deve acontecer. 7 Eis que venho em bre-
ve. Feliz aquele que observar as palavras proféticas
deste livro".

8 Fui eu, João, que ouvi e vi estas coisas. Logo
que as ouvi e vi, lancei-me aos pés do anjo, que mas
mostrava, para o adorar; 9 mas ele disse-me: "Não
faças isso! Sou um servo como tu e como os teus
irmãos profetas e os que observam as palavras deste
livro. É a Deus que deves adorar".

E então sobressai o *leitmotiv* de toda a obra: uma palavra de esperança no meio das tribulações a que os cristãos estão sujeitos: *Eis que venho em breve!* (vv. 7.12). E Deus não pode falhar. *O tempo está próximo!* (v. 10). Por isso, São João acrescenta com uma certa ironia, pondo em ridículo *o injusto e o impuro* que não queira mudar de vida: *O injusto, que cometa ainda injustiças; o imundo, que se macule ainda mais!* E, mudando de tom, deixa-nos para sempre uma mensagem final: *O justo, que continue a praticar a justiça; e o santo, santifique-se ainda mais!* (v. 11). Cristo virá como Juiz para dar *a recompensa devida a cada um segundo as suas obras* (v. 12).

E são apresentadas as credenciais que acreditam Jesus com o poder de julgar, uns títulos divinos que se dizem igualmente do Pai, e que mostram que Ele é o Senhor da História: *o Alfa e o Ômega, o Primeiro e o Último, o Princípio e o Fim.* Com efeito, Jesus é muito mais que o Messias anunciado pelos profetas (v. 16): *"rebento de David"* (Is 11, 1.10) e *"estrela da manhã"* (Nm 24, 17).

Aqui é proclamada a última das sete bem-aventuranças do Apocalipse: *Felizes os que lavam as suas vestes,* entenda-se, como se disse antes, *no sangue do Cordeiro* (7, 14), *pois terão direito à árvore da vida* (v. 14), símbolo da vida imortal (cf. Gn 2,

10 Disse-me ainda: "Não seles as palavras pro-
féticas deste livro, porque o tempo está próximo.
11 O injusto, que cometa ainda injustiças; o imundo,
que se macule ainda mais! O justo, que continue a
praticar a justiça; e o santo, santifique-se ainda
mais! 12 Eis que venho em breve e comigo a minha
recompensa, para dar a cada um segundo as suas
obras. Eu sou o Alfa e o Ômega; o Primeiro e o Últi-
mo, o Princípio e o Fim.

14 Felizes os que lavam as suas vestes, pois terão
direito à árvore da vida e entrarão pelas portas na
cidade. 15 Ficarão de fora os cães, os feiticeiros, os
fornicadores, os homicidas, os idólatras e todos os
que amam e praticam a mentira.

9), e *entrarão pelas portas na cidade* celeste, onde não entrará nada de impuro (cf. 21, 27).

E mais uma vez se sublinha quem são os que ficam de fora, sem poderem entrar, numa lista semelhante à anterior de 21, 8; são *os cães,* então uma forma de designar os pagãos (cf. Mt 7, 27), mas que aqui se reveste de um caráter moral, aplicando-se genericamente a todos os que têm uma conduta depravada, sendo especificados os pecados contra a religião (feitiçaria e idolatria), os pecados contra a vida (homicídio), os pecados relacionados com a faculdade de transmitir a vida (fornicação, aqui em sentido próprio, distinta da idolatria, isto é, todas as relações sexuais fora do legítimo matrimônio) e os pecados contra a verdade (impostura).

Mais uma vez somos confrontados com "preceitos morais negativos, ou seja, os que proíbem alguns atos ou comportamentos concretos como intrinsecamente maus, que não admitem qualquer legítima exceção, pois não deixam nenhum espaço moralmente aceitável para a «criatividade» de qualquer determinação contrária. Uma vez reconhecida, em concreto, a espécie moral de uma ação proibida por uma regra universal, o único ato moralmente bom é o de obedecer à lei moral e abster-se da ação que ela proíbe" (Enc. *Veritatis splendor,* n. 67).

# EPÍLOGO (22, 16-21)

16 Eu, Jesus, enviei o meu anjo para vos dar tes-
temunho destas coisas relativas às igrejas. Eu sou o
rebento e a descendência de Davi, a estrela brilhante
da manhã.
17 O Espírito e a Esposa dizem: "Vem". E quem
escuta diga: "Vem". Quem tiver sede venha; quem a
desejar receba de graça a água da vida. 18 A todos os
que ouvirem as palavras proféticas deste livro decla-
ro que, se alguém lhe acrescentar alguma coisa, Deus
porá sobre esse tal os flagelos descritos neste livro.
19 E quem tirar alguma coisa às palavras deste livro
profético, Deus tirar-lhe-á a sua parte da árvore da
vida e da cidade santa, descritas neste livro.
20 Aquele que atesta estas coisas diz: "Sim, ve-
nho em breve". Amém!

Vem, Senhor Jesus!

21 A graça do Senhor Jesus seja com todos.
Amém.

As breves palavras finais são de um diálogo divino, de sabor litúrgico, em que intervêm: Jesus, o Espírito Santo, a Esposa, João, o ouvinte e toda a assembleia dos fiéis (vv. 17. 20). O diálogo é entremeado com uma advertência muito séria para que a Palavra de Deus não venha a ser manipulada com acréscimos ou supressões (vv. 18-19).

Assim, o Apocalipse finaliza com chave de ouro, num diálogo amoroso impressionante entre a *Esposa,* que é a Igreja, animada pelo Espírito Santo, e o seu Esposo no céu. É um diálogo que deve ser vivido por cada um dos fiéis desejosos do encontro com Cristo, um encontro que já podemos começar a saborear na Eucaristia.

João repete as palavras de Jesus no Evangelho (Jo 7, 37):

— *Quem tiver sede venha!*

O Espírito e a Esposa dizem:

— *Vem!*

Aquele que ouvir diga:

— *Vem!*

E Jesus, *o que dá testemunho destas coisas,* responde:

— *Sim, venho em breve!*

E toda a assembleia fiel continua a clamar, até que Ele venha:

— *Amém! Vem, Senhor Jesus!*

ESTE LIVRO ACABOU DE SE IMPRIMIR
A 05 DE SETEMBRO DE 2025,
EM PAPEL PÓLEN BOLD 90 $g/m^2$.

1365